Le Courage de la dissidence

Du même auteur

L'Écologie ou l'Ivresse de la table rase, Éditions de l'Observatoire, 2022.

Libérons-nous du féminisme !, Éditions de l'Observatoire, 2018.

Le Crépuscule des idoles progressistes, Stock, 2017.

La Théorie du genre ou le Monde rêvé des anges. L'identité sexuelle comme malédiction, Grasset, 2014 ; LGF, 2016 (préface de Michel Onfray).

La Pensée des images. Entretiens sur Dieu dans l'art, avec François Bœspflug, Bayard, 2011.

Le Musée imaginaire d'Hannah Arendt. Parcours littéraire, pictural, musical de l'œuvre, Stock, 2011, prix Montyon de l'Académie française 2012, Prix de philosophie politique Perreau-Saussine 2012.

Bérénice Levet

Le Courage de la dissidence

L'esprit français contre le wokisme

Éditions de L'Observatoire

ISBN : 979-10-329-2675-8
Dépôt légal : 2022, novembre
3e tirage : 2022, décembre

170 *bis*, boulevard du Montparnasse, 75014 Paris

Le crime de nos politiques est moins de n'avoir pas servi la France que de n'avoir pas su s'en servir.

Georges Bernanos

Vivre, pour une civilisation, c'est être capable de donner, et de recevoir et d'emprunter... Mais on reconnaît, non moins, une grande civilisation à ce qu'elle refuse parfois d'emprunter, à ce qu'elle s'oppose avec véhémence à certains alignements.

Fernand Braudel

Prenons-y garde : la gaieté est encore un ressort, le dernier en France qui maintienne l'homme debout, le meilleur pour garder à l'âme son ton, sa résistance et sa force.

Hippolyte Taine

I

Comment ne pas devenir américains ?

Une atmosphère toujours plus servilement diversitaire et victimaire

« Il serait présomptueux de se croire immunisés pour toujours de la contagion américaine », écrivait, dès 1994, Pascal Bruckner dans *La Tentation de l'innocence*. De fait, longtemps nous avons pu croire que, de par notre histoire, de par notre entente de la vie, de par notre fameuse tradition républicaine, nous étions, nous autres Français, préservés de la tyrannie des identités, de la dévotion à la « diversité » et aux « minorités », du bûcher des susceptibilités. Bref, que jamais nous ne vivrions à l'heure du féminisme identitaire, de l'indigénisme, du décolonialisme et du racialisme.

Et puis, force fut de constater qu'il n'en était rien. Les citadelles, ou ce que l'on aurait voulu croire telles, commencèrent de tomber les unes après les autres. Institutions publiques aussi bien que privées : université, école, théâtre, musée, cinéma, historiographie, sciences dures, entreprises, tous ne meurent pas (encore), mais tous sont frappés. L'histoire s'est furieusement accélérée depuis 2015, avec deux jalons décisifs : la déferlante du mouvement #MeToo en 2017 puis, en 2020, à la suite de la mort de George Floyd aux États-Unis, la fièvre de Black

Lives Matter, avec, dans les deux cas, une génuflexion obligée et ostentatoire.

Chaque jour l'atmosphère se fait plus servilement identitaire, diversitaire, victimaire. On ne compte plus les expositions qui choisissent d'entrer dans l'histoire de l'art par le prisme féministe, homosexuel, racialiste. À peine a-t-il rouvert ses portes après deux années de travaux que le musée de Cluny programme un cycle de conférences sur le thème « La part des femmes. Genre et société en Europe à la fin du Moyen Âge » où, après avoir inventorié « les régimes de genre à la fin du Moyen Âge », un universitaire explorera « les genres fluides. De Jeanne d'Arc aux saintes trans ». En 2021, Cécile Debray est nommée à la tête du musée Picasso, le magazine *L'Œil* s'inquiète : « La tâche est grande, prévient le rédacteur en chef, pour faire entrer Picasso dans le siècle de #MeToo et de l'appropriation culturelle ». Mais, très vite, Fabien Simode nous rassure : nous pouvons « faire confiance [à l'impétrante] pour détricoter l'historiographie très (trop) masculine de Picasso » et ne pas « écarter les sujets qui fâchent ». Le visiteur ne tardera d'ailleurs pas à le vérifier : l'exposition inaugurale de l'ex-directrice de l'Orangerie, « Les femmes qui pleurent sont en colère » confiée à la plasticienne Orlan, « ne souffrant aucune ambiguïté[1] », conclut, rasséréné, le journaliste. En mai de la même année, Laurence des Cars est nommée à la direction du musée du Louvre. Quel fut, en plus d'être une femme, son titre de gloire ? Avoir organisé en 2019 l'exposition « *Le modèle noir. De Géricault à Matisse* » significativement importée des États-Unis, avec Pap Ndiaye en commissaire scientifique de l'événement,

1. Magazine *L'Œil*, n° 755, juin 2022, p. 31.

et Pascal Blanchard associé à l'ex-joueur de football recyclé dans l'antiracisme racialiste, Lilian Thuram, en exégètes du parcours proposé. Enfin, soupira-t-on dans les rédactions, la « décolonisation des arts et du regard » faisait son entrée au musée et en France. Il n'y eut guère que Catherine Millet, la directrice d'*Art Press* qui eut la hardiesse de briser ce grand concert d'unanimité en publiant un article, très argumenté : « L'idéologie au poste de commandement »[1], raillant l'enfilage de perles auquel se ramenaient les propos du couple Blanchard-Thuram.

Les journalistes ne sont pas les seuls séduits par les faits d'armes de la nouvelle directrice du Louvre. Un conseiller de l'Élysée explique ainsi que « ce qui a beaucoup intéressé le président, c'est que Laurence des Cars sente que les débats de société sont entrés dans les musées » et qu'elle soit résolue à « accueillir la polyphonie du monde dans un musée en résonance » avec les questions actuelles et notamment « la place de la femme dans les collections ». Invitée de la matinale de France Inter au mois de mai 2021, l'intéressée confirmera « réfléchir à la manière dont le Louvre peut être pleinement contemporain » et exprimera sa volonté de transformer cette grande et belle mais vieille institution en « chambre d'écho de la société » – aveu terrible tant l'image évoque la caverne de Platon, mais aveu funestement vrai : les lieux d'instruction et de culture, loués et recherchés pour leurs vertus émancipatrices, n'ont plus d'autre ambition que de renchérir sur les échos et les ombres de la caverne, c'est-à-dire de la société. Loin de nous libérer de nous-mêmes et de nous

1. L'article est accessible en ligne, j'en recommande vivement la lecture.

rendre ainsi libres d'appareiller pour l'exploration de l'humaine condition, les œuvres de l'esprit, dont ces institutions sont les médiateurs, se voient rétrécies à nos piètres dimensions de vivants. Mais j'anticipe sur mon propos. Nous y reviendrons en détail.

En 2017, anxieusement, la Philharmonie de Paris faisait mine – la réponse étant dans la question – de s'interroger au travers d'un colloque : « La musique a-t-elle été un vecteur de l'idéologie coloniale ? » Au mois de mai 2022, désavouant la grande Nadia Boulanger et sa salvatrice exhortation : « Oublions que je suis une femme, et parlons musique », le mensuel *Diapason* claironne en une : « Compositrices, l'heure de la réhabilitation a sonné ». À l'été 2020, l'Opéra de Paris publie un manifeste sur « la question raciale à l'Opéra de Paris » et le 10 février 2021, à l'occasion de la publication du rapport sur la diversité à l'Opéra rédigé par Pap Ndiaye et Constance Rivière, secrétaire générale du Défenseur des droits, la presse quasi unanime, de titrer « L'Opéra de Paris veut œuvrer pour la diversité ». Expression artistique, sans doute, mais d'abord lieu de pouvoir, nous expliquent ainsi les auteurs du rapport, l'opéra, né au XVIIe et se développant au XVIIIe et au XIXe siècles, serait furieusement tributaire de « savoirs et de croyances en lien avec la colonisation », désespérément travaillé par cette nébuleuse qu'est l'« impensé colonial » : « L'opéra européen était le point de vue sublime des dominants sur le monde : celui d'hommes européens blancs, au pouvoir ou proches de lui. »

Deux jours plus tard, le 12 février, avec la même ardeur, les journalistes applaudissent à la nomination par le président Macron, sur proposition de la ministre de la Culture, Roselyne Bachelot, de Rachid Ouramdane à la tête du théâtre national de la Danse. Son projet fut jugé par l'Élysée, nous explique-t-on, « le plus généreux, fédérateur, ancré dans les enjeux de société, le plus convaincant à ce moment précis de l'histoire de Chaillot et de notre pays ». Or, ce projet est d'une limpidité extrême : faire de l'établissement un « théâtre des diversités ». Et le chorégraphe Rachid Ouramdane d'exposer en des termes on ne peut plus explicites, et tristement explicites, son dessein : « Il y a eu à Chaillot, le théâtre populaire de Jean Vilar, puis "élitaire pour tous" d'Antoine Vitez, je veux défendre le théâtre des diversités. »

On rappellera, chose remarquable et peu remarquée, que, au cours du premier mandat d'Emmanuel Macron, chacune des nominations à la tête des institutions culturelles l'a été sur le critère et l'appartenance des candidats à la « diversité » et à des « minorités » ou bien de leur engagement à satisfaire un cahier des charges conforme à ces exigences. « L'appel à la diversité restera comme un marqueur du mandat de M. Macron », confirme le journal *Le Monde* rappelant le vœu formé par le candidat Macron en 2017 et exaucé par le président d'« ouvrir les nominations dans le secteur culturel, afin qu'elles reflètent la diversité de la société » et égrenant les noms de nombreux élus[1]. Tournons également nos regards du côté de la maire de Paris, Anne Hidalgo, qui, en dépit de ses professions de foi universalistes, forte d'un registre établi par le très militant membre du conseil municipal du XIIe arrondissement Jean-Luc Romero, au titre éloquent et programmateur : « Paris, ville phare de l'inclusion et de la diversité. Faire de Paris la capitale des droits LGBTQI et du tourisme LGBTQI-friendly », distribue noms de rues et d'établissements tantôt aux

1. *Le Monde*, 16 septembre 2021.

« minorités » sexuelles, tantôt aux féministes, tantôt à la diversité raciale.

On pourrait également citer *Le Canard enchaîné* passant à confesse avant d'annoncer sa prochaine conversion : « Sur #MeToo, sur la diversité, le mouvement Black Lives Matter, la lutte féministe, l'égalité salariale, les minorités sexuelles, etc., on est sur la défensive ». « On a un petit décrochage par rapport à la société actuelle », mais celui-ci ne tardera plus à être comblé : la génération des baby-boomers est enfin sur le départ, les nouvelles recrues normaliseront tout cela. L'alignement est garanti.

De l'extension du domaine du « wokisme », la langue est un autre, et puissant, indice. Selon un processus mis en lumière par Viktor Klemperer, dans *LTI, la langue du Troisième Reich*, à la manière de l'arsenic qui se diffuse sans qu'il y paraisse, mais qui peu à peu modifie notre perception du réel, tout un cortège de catégories forgées dans l'arsenal des campus américains imprègne le discours public : « mâle blanc », « privilège blanc », « appropriation culturelle », « racisme systémique », « violences policières », « *blackface* », « culture du viol », « féminicide », « comportement inapproprié », « masculinité toxique », « micro-agression », sans oublier les notions de « diversité » et de « minorité » venues se substituer au culte de l'Autre des années 1980-1990, ainsi que l'adoption généralisée de la langue et de l'écriture inclusives. Et c'est ainsi que dans le réel compliqué, nous sommes sommés d'entrer avec des idées d'une simplicité redoutable. Cette langue n'est pas notre langue ; ces catégories ne sont pas nos catégories, la résistance commence par là, par la dissidence sémantique et intellectuelle, mais le choix de la collaboration semble privilégié. Gardons à l'esprit le mot de Gide : « Un peuple qui tient à sa langue est un peuple qui tient bon. »

Un exemple particulièrement cruel de cette reddition et de cette conversion, celui du metteur en scène Philippe Brunet : des associations dites antiracistes exigent le retrait d'une pièce d'Eschyle qu'il présente à la Sorbonne, au motif qu'en couvrant le visage de ses interprètes d'un masque noir, il se rendrait coupable d'une pratique en vigueur aux États-Unis du temps de la discrimination, le « *blackface* » or, au lieu de vaillamment, fièrement, se dresser contre l'ignorance crasse (ignorance doctement entretenue) des activistes de la Brigade anti-négrophobie et du Cran, Philippe Brunet de faire quasiment acte de contrition et de se défendre dans les termes mêmes de l'adversaire : « On ne peut pas nous couper de l'Afrique. Nous sommes profondément africains. C'est ce que raconte Hérodote[1]. »

La liste est loin, très loin d'être exhaustive. Peinture, musique, littérature, cinéma, science, partout on sort sa calculette : combien de femmes ? Combien de « non-Blancs » ? Combien d'homosexuels ? On se désole de ce que la « diversité mélanique », l'expression se lit dans le rapport sur la diversité à l'opéra, n'ait jamais été jusqu'à présent une question. Que désormais ce soit, dans notre pays, non pas simplement une question, mais *la* question, comme l'est chacune des identités, la chose ne saurait être niée. Le fait d'être noir, d'être femme, d'être homosexuel, d'être musulman est un sujet en France, et inscrit de toute éternité dans l'intrigue victimaire du grand récit intersectionnel.

1. « À la Sorbonne, la guerre du "*blackface*" gagne la tragédie grecque », *Le Monde*, 27 mars 2019.

Le wokisme n'existe peut-être pas, comme le prétendent ses thuriféraires – j'aurais l'occasion de revenir sur cette fallacieuse querelle sémantique qui ne vise qu'à esquiver les questions –, mais ce qui existe bel et bien, c'est la conversion de la France à la logique identitaire et diversitaire.

Et c'est ainsi que, subrepticement, insidieusement, les esprits s'acclimatent à une manière de penser et de s'orienter dans la vie politique et dans la vie de l'esprit totalement inédite et terriblement régressive, comme je m'emploierai à l'établir dans cet essai. De fait, et ce point est important, ces simplifications, ces raccourcis et ces falsifications, ce ne sont pas quelques officines qui les portent et les colportent, non, ce sont des institutions et des institutions des plus en vue, des plus respectables et des plus autorisées. Il ne faut pas s'y tromper. Le wokisme n'a pas toujours les armes à la main, déboulonnant les statues, les maculant de peinture rouge et de tags rageurs, mettant à l'index fiévreusement tel ou tel livre ou empêchant frénétiquement la tenue de spectacles ou de conférences. Il ne se signale pas nécessairement par des outrances ou des actions d'éclat. Il sait prendre des allures tranquilles, respectables, « cool », selon le portrait que brosse de lui-même le désormais ministre de l'Éducation nationale Pap Ndiaye. Et c'est bien par là qu'il est le plus efficace, et aussi naturellement le plus redoutable. Doucettement, mais très sûrement, ce « wokisme de salon », selon l'expression, inspirée, de Pierre-André Taguieff, poursuit son œuvre et étend son domaine.

Dans son analyse des *Origines du totalitarisme*, Hannah Arendt avait identifié une étape décisive dans la conversion de l'Allemagne et de la Russie à des régimes totalitaires, le moment où la pensée raciale (le nazisme) et la pensée de classe (le marxisme) sortirent du cercle des militants pour être adoptées par les intellectuels et une vaste partie de l'opinion, lesquels n'acceptant plus une analyse des événements passés ou présents en désaccord avec l'une ou l'autre de ces perspectives. En sommes-nous si loin ? Quelle œuvre, quel événement, quelle action échappera à la grille de lecture wokiste ?

Forts de nos faiblesses

On peut aller répétant – manière de se rassurer ou de ne pas voir ce que l'on voit – que « comme à d'autres moments de son histoire, la France résiste » ou que « ce nouveau totalitarisme se cassera les dents sur l'esprit français ». Notre pays est certes moins frappé que les États-Unis, moins frappé que d'autres pays européens (on pense à l'Angleterre notamment). Le mouvement est sans doute, chez nous, ralenti, mais il n'est guère arrêté. Au contraire. Il ne cesse de s'amplifier. Ce serait lâcheté et inconséquence que de croire que nous pourrons nous contenter de belles paroles et de fières incantations.

Le temps de la contre-offensive est donc venu. Cet essai ne se veut pas un nouvel état des lieux des avancées toujours plus impérieuses du wokisme en France et de son ruissellement dans l'ensemble de la société. Ces livres existent, ils sont nécessaires et précieux. Il est essentiel de monter la garde. Pour nous aussi, être et rester éveillé (« *to be*, *to stay woke* ») est une noble vertu, et elle n'est pas nécessairement, il s'en faut, du côté de ceux qui en font leur étendard.

Cependant, à quoi bon multiplier les enquêtes, ouvrir grands les yeux sur la pénétration du genre, du racialisme, de l'indigénisme en France si nous n'avons rien de substantiel à leur opposer ? Ce qui demande désormais à être énoncé clairement et distinctement, ce sont les raisons pour lesquelles nous nous dressons, et devons nous dresser, contre cette infiltration. Pourquoi et au nom de quoi ne voulons-nous nous pas vivre dans une France convertie – car c'est bien d'une conversion qu'il s'agirait tant cet esprit nous est étranger et contraire – au dogme diversitaire et victimaire ?

On pourrait m'objecter que la question que je pose, et donc les pages qui suivent, sont bien vaines, dans la double acception du mot, vides et vaniteuses ; que nous savons parfaitement pourquoi nous ne voulons pas vivre dans un tel monde et l'on égrènera nos fameuses « valeurs républicaines », notre universalisme, notre laïcité, mais l'on voit bien que ce ne sont là que des formules, non des digues – ce qui ne signifie pas qu'elles ne nous soient d'aucun usage ni d'aucune vertu, nous le verrons, mais encore faut-il leur redonner quelques couleurs, quelque épaisseur historique et narrative, et c'est ce que je tenterai.

Pour dire les choses très directement, si nous ne voulons pas plier et ployer sous ce poids, si nous ne voulons pas abandonner le dernier mot aux marchands de slogans et aux penseurs d'occasion, il va nous falloir apporter une réponse autrement consistante que celle qui consiste à ânonner le catéchisme républicain, à invoquer la France « pays naturel des Lumières et de la Révolution française », à faire tintinnabuler la clochette de l'identité nationale et à psalmodier – morne mécanique plaquée sur du vivant –, l'art de vivre à la française. Face à la contestation de la forme de vie française rétive assurément, et heureusement, à l'ostentation des identités, à la dévotion aux « minorités » et à l'empire des susceptibilités, nous avons besoin de recouvrer le sol de l'expérience, la chair des choses, l'esprit et pas seulement la lettre.

En 2017, Régis Debray publiait *Civilisation. Comment nous sommes devenus américains* offrant un formidable panorama des redditions signées au fil des années avec notre singularité. Or, si nous sommes devenus américains, ou plutôt si nous le devenons toujours davantage, ce n'est pas que le monde dans lequel féministes, décoloniaux, indigénistes entendent nous faire vivre soit plus juste ou simplement plus doux que celui qu'ils nous pressent de quitter, mais bien que nous sommes désarmés.

Le courant woke, dans ses différentes ramifications, est fort de nos faiblesses. L'idéologie diversitaire et victimaire se nourrit et prospère de nos doutes, de nos « en même temps » – qui ne sont pas, hélas, une exclusivité présidentielle –, de notre mauvaise conscience et de son corrélat, le sentiment d'illégitimité, bref du peu de foi que nous avons dans le modèle de civilisation que, « vieux peuple chargé d'expériences » (Bernanos), nous incarnons, de notre ignorance et amnésie abyssales enfin. Là est un des problèmes, sinon le problème majeur de la France : nous sommes riches d'un modèle de civilisation que nous ne convoquons plus, que nous ne sollicitons plus, sinon, je le répète, de manière purement incantatoire, alors qu'il serait une arme puissante pour faire rentrer dans un lit dont elles n'auraient jamais dû sortir, les identités et leurs ruminations victimaires.

Nous ? Très exactement nos élites, politiques, médiatiques, culturelles, car ce sont elles qui ont perdu la foi et de longue date – nous retracerons cette généalogie. « Le crime de nos politiques est moins de n'avoir pas servi la France que de n'avoir pas su s'en servir. » Les mots de Bernanos que j'ai choisi de placer en exergue de ce livre n'ont rien perdu de leur puissance et de leur énergie. Nos politiques sont peut-être moins coupables en effet de ne pas servir la France que de ne pas s'en servir. De ne pas même entrevoir qu'ils pourraient s'en servir, plus grave, de juger que s'en servir serait coupable.

La mouvance diversitaire et victimaire ne s'y est pas trompée. Voici un demi-siècle que notre rapport au passé, et singulièrement à notre passé national, est épineux. C'est un euphémisme. Bagage encombrant dont on ne sait plus trop que faire. Ignorer, oublier, « disneylandiser » comme manne touristique, dépoussiérer, ne surtout pas s'agenouiller – non que la génuflexion soit périmée, mais elle est réservée aux victimes de l'homme occidental, sous l'injonction de Black Lives Matter notamment.

Quelque quatre ou cinq décennies de pédagogie progressiste conjuguées à l'exacerbation d'une conscience pénitente ont fini par produire ses effets. Sur ce sol lavé comme une grève, les féministes, les décoloniaux et postcoloniaux, les lgbistes ont trouvé le fertile aliment qui fit et continue de faire leur vigueur.

L'enjeu est assurément d'ordre fiduciaire : nous manquons de foi, de confiance dans la singularité et l'exception françaises. De cette désaffection, de cette démoralisation, les tenants du wokisme profitent. Ils sentent que le fruit est mûr, qu'il ne demande plus qu'à tomber. Ils ont raison, sans mobilisation collective, il tombera.

Balzac parlait de ces grandes choses que l'on pousse dehors avec d'autant plus de légèreté qu'on ne les comprend plus. Ces grandes choses demandent explication, disait le romancier. C'est dans cet esprit que j'ai écrit ce livre. Car ce sont bel et bien de grandes choses que nous sacrifions sur l'autel des minorités « victimisées ». Aurions-nous laissé les identités prendre d'assaut la vie de l'esprit et la vie de la Cité si nous percevions encore le formidable pari sur l'homme qui nous inspirait, la formidable promesse que portait et tenait la France du temps qu'elle était grande, forte et avait confiance en elle-même ? Avant de remettre les clefs de toutes nos institutions culturelles à des personnalités acquises au wokisme, avant de « pousser dehors » définitivement notre passion de chercher, d'enquêter, d'inquiéter les évidences, avant de procéder à la réécriture de toute notre littérature venue d'autres rives temporelles, avant de lâcher la bride à ces nouvelles dragonnades de l'esprit, interrogeons-nous sur ce que nous poursuivons et surtout sur ce que nous hasardons en faisant allégeance à ladite cause des minorités que leurs prétendus avocats semblent juger essentiel de maintenir dans un état de minorité et d'empêcher d'accéder à l'âge de majorité.

Autre temps, autres mœurs, m'objectera-t-on ? Autre temps, sans doute, mais qui ne devrait pas rendre obsolètes nos mœurs, autrement délectables, autrement généreuses que celles des dits « éveillés » institués en tribunal, occupés à traquer, à débusquer la domination occidentale et traçant de rigoureuses et fort étroites cartes routières de la pensée, de l'art, du rire et dont toute sortie, significativement qualifiée de dérapage, menace de vouer à la mort sociale pour le moins. Les crispés, les moisis ne sont peut-être pas ceux que l'on croit.

Inadapté à l'homme du XXIe siècle ? Ne nous laissons pas intimider par cet argument fallacieux, qui n'est qu'une exhortation à entériner un fait presque accompli. Formidable ruse de la raison progressiste : voici des années qu'elle s'emploie à atrophier l'homme, à l'enfermer dans le cercle étroit de son identité pour ensuite décréter qu'il n'en peut sortir !

Le présent érigé en arbitre suprême, la hantise d'être en retard sur son époque disposent à toutes les abdications. « Le souci de se conformer à son temps n'est pas l'impératif suprême de l'humain », rappelait Emmanuel Levinas. Il signe même la fin du jugement, la fin de l'humanité. Relisons *Rhinocéros* de Ionesco. S'adapter pour préserver ce à quoi l'on tient est seul légitime.

Nous ne sommes pas voués à être les greffiers du changement, encore moins son adjuvant. Si la politique a un sens et une réalité, alors elle congédie tous les sermons de « *there is no alternative* », alors nous devons pouvoir infléchir le cours, en apparence fatal, des choses. « L'avenir de l'humanité reste indéterminé parce qu'il dépend d'elle », disait Bergson. Et c'est à elle seule qu'il revient de répondre des choix qu'elle fait.

Porosité de la jeunesse

On me jugera naïve peut-être, mais je veux croire qu'il entre une bonne part d'ignorance dans la reddition signée avec notre histoire. J'ai la faiblesse de penser que si nous poussons dehors avec une telle insouciance tant de nos richesses, c'est d'abord que nous ne les connaissons plus ou si superficiellement que nous ne les comprenons plus et, fatalement, que nous ne les aimons plus. Je ne parle pas des idéologues, ces abstractions, ainsi que les appelait Albert Camus, livrés tout entier à la logique de l'Idée et perdus pour la conversation : « On ne persuade pas une abstraction », professait l'auteur de *L'Homme révolté*. J'ai à l'esprit ceux qui cèdent, et notamment notre jeunesse, parce qu'elle ne sait pas qu'un autre monde, un monde autre que celui réglé par les identités, est possible.

On s'interroge, on feint de s'interroger sur la porosité de la jeunesse à l'endroit des idéologies féministes, racialistes, lgbtistes, de leurs niaiseries sentimentales et de leurs pleurnicheries d'âmes offensées. Avec quel levier voudrions-nous que ces nouvelles générations soulèvent et inquiètent les certitudes wokistes dont la caverne bourdonne ? Le passé est l'instance critique par excellence or l'individu contemporain est non seulement incarcéré dans la prison du moi mais non moins, dans la prison du présent. Nous payons le prix, très élevé, d'un demi-siècle de philosophie et de pédagogie progressistes et de mémoire pénitentielle, je le redis.

« D'autant que l'âme est plus vide et sans contrepoids, écrivait Montaigne, elle se baisse plus facilement sous la charge de la première persuasion ». « Des âmes vides et sans contrepoids », telle est la condition de ces générations que l'on appelle Y (ou *millenials*, nés dans les années 1980-1990) et Z (entre 1997 et 2010), mais non moins de celle de leurs parents et de leurs professeurs, enfants eux-mêmes des années 1970, et fruits d'une pédagogie dite progressiste de rupture de la tradition et de la transmission. Ce point est important. Voici un demi-siècle que la France n'est plus donnée à connaître et à aimer. Et *la première persuasion* revient fatalement à la doxa relayée, ratifiée, consacrée par les réseaux sociaux, les séries télévisées et, *last but not least*, l'Union européenne. Arrêtons de flagorner notre jeunesse, elle n'est ni plus ouverte, ni plus tolérante, ni plus compatissante que les baby-boomers et les rescapés du naufrage des années 1970-1980, elle est simplement et tristement désarmée, « vide » ou, si je peux risquer cet oxymore, pleine de vide, ce vide, ce néant, ce nihilisme de l'idéologie déconstructiviste et accusatrice.

Comme notre jeunesse, notre élite est désespérément de son temps. Les identités ont acquis une autorité et une légitimité à ce point exorbitantes que nous ne semblons plus même concevoir un monde – celui qui longtemps fut le nôtre – où elles nous seraient indifférentes. Les vertus d'un tel modèle ont plus que pâli. Nos pensées, et nos vies elles-mêmes menacent de le devenir, sont captives. Une sorte d'évidence enveloppe la revendication et l'obsession identitaire : être reconnu et « visible » *en tant que* femme, *en tant que* noir, *en tant que* musulman... quoi de plus légitime, nous rétorque notre époque et, à l'avant-poste, les jeunes générations. Évidence également de l'intrigue intersectionnelle, c'est-à-dire de cette intrigue qui est *à l'intersection* des différentes branches du wokisme avec le mâle blanc en aimant attirant à lui toute la limaille identitaire (femmes, homosexuels, noirs, musulmans, etc.).

Englués dans le présent, nos élites, à commencer par nos politiques, peinent à se figurer au nom de quoi ils ne donneraient pas audience aux revendications identitaires, et ce, même lorsqu'ils en pressentent les menaces. Exemple éclatant du président Macron qui, tout en accusant, à très juste titre, le monde universitaire d'avoir « encouragé l'ethnicisation de la question sociale en pensant que c'était un bon filon » alors même que « le débouché ne peut être que sécessionniste [et] casser la République en deux », lui-même sacrifiait à cette ethnicisation de la société en instituant, au cours de son premier mandat, en décembre 2020, une commission, dont la présidence était confiée à une personnalité connue pour son engagement décolonial et diversitaire, Pascal Blanchard, dont l'objet était de dresser une liste de « personnalités issues de la diversité » afin de leur élever des statues ou de leur attribuer des noms de rues. Et de renchérir dans un entretien accordé à l'hebdomadaire *L'Express* également en décembre 2020. Alors qu'il récusait l'épithète de multiculturaliste – incompréhension, mauvais procès, caricature, protestait-il –, le président ratifiait la chose, déclarant : « Je crois à une politique de la reconnaissance des identités » – ce qui est la définition même du multiculturalisme. Et de développer son programme : « Le fleuve principal est là, bien présent », soutient-il, contre toute évidence. Bien présent ? Trop présent même à ses yeux. Le temps serait venu de faire place à ses « affluents » et par affluents, Emmanuel Macron entendait « la richesse » que sont les « diasporas pour nous-mêmes ». Le chef de l'État affirmait résolument sa volonté de se faire le président de « chaque affluent qui alimente le fleuve France » et singulièrement de sa « part d'Afrique ».

De cette inclination diversitaire du chef de l'État, interrogé sur la pratique par le président Macron des hommages mémoriaux (Panthéon, Invalides) et le sens qu'il leur attache, l'historien Pierre Nora s'est fait le puissant interprète : « Il s'agissait autrefois de rassembler la collectivité nationale autour d'une figure symbolique. [Avec Emmanuel Macron], il s'agit maintenant de faire un geste politique ou de satisfaire un groupe, une famille, une frange de la nation. Charles Aznavour pour les Arméniens, Simone Veil pour les femmes et les Juifs, bientôt Joséphine Baker pour la diversité. C'est le signe d'une nation ethnicisée, parcellisée, émiettée. Quant à la cour des Invalides, la banalisation de ce lieu militaire, solennel et religieux risque bien d'en faire la salle des pas perdus de la gare Saint-Lazare[1]. »

On pourrait également citer, exemple absolument consternant mais fort révélateur de l'ensevelissement de la conception proprement française de la laïcité au profit d'une conception farouchement anglo-saxonne, cette institutrice de Bagneux, distinguée pour ses initiatives en faveur de ce noble principe, ainsi que son « Musée éphémère de la laïcité de l'école Joliot-Curie » visité par de nombreuses personnalités. Or, que peut-on observer dans ce musée ? Des dessins et autres collages réalisés par des élèves de CM1-CM2. Un ensemble de réalisations retient tout particulièrement l'attention : il s'agit de variations sur la *Joconde* de Léonard de Vinci et c'est ainsi que défile, tour à tour, une Mona Lisa juive (étoile de David autour du cou), musulmane (hidjab et habit mauresque), catholique (croix autour du cou) et agnostique (le slogan « *no religion* » inscrit sur son tee-shirt), le tout couronné d'une Joconde prêchant « Peace, mes frères et sœurs ». La laïcité change ainsi de sens : il ne s'agit plus de déposer son appartenance religieuse au seuil de l'école, mais de les y faire pénétrer chacune et toutes dans un joyeux « vivre-ensemble ». Et l'article du *Monde* consacré à l'institutrice s'ouvrait par une phrase inspirée des propos d'une élève de 10 ans : « On peut n'être qu'"une enfant" et savoir "pertinemment" ce que la laïcité veut dire. » Et c'est ainsi, sous le couvert

1. *Le Monde*, 26 novembre 2021.

des meilleurs sentiments, que l'ignorance croît et que le modèle français s'éteint.

La possibilité de se quitter, de se décentrer, qui était la noble promesse de l'école, est une voie désespérément barrée à l'élève. Celui qui espérait profiter de ces heures scolaires, loin de sa sphère familiale, pour découvrir d'autres réalités que celle de « sa » religion ou de « son » ethnie, s'y voit continûment reconduit. École, culture, qu'avez-vous fait de votre promesse émancipatrice ?

Comment pouvons-nous accepter de voir l'homme ainsi rétréci, rabougri, enkysté, encapsulé dans son moi et son ressenti ? Chétif animal regardé comme une chose qui calcule, qui sent, ou plutôt ressent, qui souffre, qui s'indigne, dénonce, avide de revanche, indigent clavier qui vibre ?

Ce ne sont pas quelques ornements que nous dilapidons ou que nous nous laissons ravir

Que nous ayons dans le baluchon de notre histoire de quoi faire rentrer dans leur lit les identités, j'en ai la conviction et c'est tout l'objet de ce livre que d'en amorcer la démonstration. Ce n'est pas vanité hexagonale que de le prétendre, mais encore nous faut-il recouvrer la foi en notre modèle. « Les Français sont des héritiers, écrivait Raymond Aron, mais pour sauver l'héritage, il fait être capable de le conquérir à nouveau. » Là est donc notre tâche. Pour que les trésors que recèle notre civilisation deviennent des principes d'action et ne restent pas de simples motifs après lesquels soupirer avec nostalgie, encore faut-il gagner une conscience vive des promesses qu'ils portent et ont longtemps tenues, de leur fécondité aussi *pour aujourd'hui*, pour nous autres, hommes – et femmes, comme on disait déjà dans les Monty Python[1] –, du XXIe siècle.

« Se servir » de la France me semble donc un très beau programme, très fécond et très sage. Le moment me semble en outre singulièrement propice. J'ai la certitude, profonde, que nous nous trouvons dans un de ces épisodes dont parle Mona Ozouf dans sa préface à *De Révolution en République*, où le présent ranime « des enjeux engourdis » et où l'apparition de menaces nouvelles « peut redonner de l'éclat à des idées et des images qui semblaient n'avoir plus de force inspiratrice ».

L'identité de sexe, de sexualité, de race, de religion comme prisme, et le monde en blanc et en noir auquel nous reconduisent avec une opiniâtreté déconcertante ces spécialistes assermentés, universitaires, historiens, sociologues, commissaires d'expositions, conservateurs de musée et autres responsables de prestigieuses institutions culturelles est très exactement le monde dont ils ont charge et devoir de nous libérer. Les grandes œuvres dont ils sont les dépositaires et les intercesseurs, les messagers comme eût dit George Steiner, ne sont grandes que de nous libérer de nous-mêmes et de nous dévoiler, nous découvrir les hommes et les choses comme destinées particulières, exceptions à la règle. Il est plus de liberté et de richesse humaine dans une seule lettre de Madame de Sévigné que dans des centaines de pages écrites sous la dictée des *black*, *gender*, *cultural* et autres *studies*. Nous avons besoin de la pensée en

1. Visionnaire *Vie de Brian* (1979), le héros réclamant le droit d'avoir un enfant et Stan exigeant d'être appelé Loretta.

général et de l'art en particulier pour ne pas mourir d'asphyxie, asphyxie des échos sonores et creux de la caverne, asphyxie de notre moi, aussi qu'adviendra-t-il de nous si les institutions culturelles, politiques devaient n'être plus que la « chambre d'écho » de la caverne ? Déjà, avouons-le, nous peinons à respirer.

Ce ne sont pas quelques ornements que nous nous laissons ravir ou que nous dilapidons, ce sont des biens et des biens que nous tenions il y a peu encore pour essentiels à nos vies en général et au charme de notre pays en particulier. Le principe de l'égalité entre les hommes et les femmes n'est pas négociable, répète-t-on et à très juste titre, mais il est d'autres traits essentiels et propres à la France qui devraient être proclamés non négociables, sauf à nous résoudre à perdre notre âme, notre physionomie morale et intellectuelle, ou ce que j'appellerais volontiers avec Michelet notre personnalité. Mot que je préfère à celui d'identité car non seulement il dit ce qui nous constitue en propre, mais il proclame aussi, comme lorsque l'on dit d'une personne qu'elle a de la personnalité, le caractère, l'originalité, l'autorité, et la détermination – autant de vertus qui se sont étiolées et qu'il nous faudrait cependant impérativement restaurer.

Longtemps, la vie a eu pour nous autres, Européens, et singulièrement, nous autres, Français, un autre sens que celui d'être reconnu et « visible » dans son identité de sexe, de sexualité, de couleur de peau, etc. La liberté du pas de côté et la passion d'enquêter, d'interroger, de « pourchasser la réalité où qu'elle nous conduise » (George Steiner) nous commandaient. Hardis, et à nos risques et périls, « nous [ouvrions] les portes en enfilade du château de Barbe-Bleue ».

Longtemps, nous avons été avides d'autres miroirs, d'autres reflets que ceux, tout en surface, de Narcisse. Peuple de culture grecque, disait le général de Gaulle des Français. Au commencement était en effet Athènes, le désir passionné, la délectation, tremblante sans doute, de connaître, d'interroger, sans œillères, de comprendre.

La mouvance woke ne conteste pas seulement telle ou telle de nos réalisations, tel ou tel de nos actes, telle ou telle de nos œuvres. Elle s'attaque à la matrice intellectuelle de notre civilisation, à nos méthodes scientifiques, à notre système de connaissance, à notre conception de l'art, à notre regard et à nos catégories, qui seraient toujours et partout entachés de cette satanée soif de dominer et de ce diabolique orgueil réputé consubstantiel à l'Occident. Elle ne porte pas le fer seulement contre la lettre mais contre l'esprit, l'esprit européen, l'âme européenne.

Ce qui se joue ici n'est rien de moins que l'idée que nous nous formons des humanités, du savoir, de la culture, et d'abord du rôle que la littérature, les œuvres d'art et de pensée jouent ou peuvent jouer dans notre vie. Rien de moins non plus que l'idée de l'homme qui nous porte, et ce depuis pour le moins la Grèce, depuis que nous nous sommes donné la Grèce pour ancrage.

C'est cet héritage que, en dépit des trésors qu'il recèle et des bonheurs que, de génération en génération, il a réservé aux hommes, nous semblons disposés à sacrifier sur l'autel des identités, de la diversité et des minorités figées, telles des statues de sel, dans la posture d'éternelles victimes de notre civilisation. Spectacle désolant que celui d'Occidentaux, à ce point corrodés par le doute quant à leur légitimité, qu'ils sont prêts à vendre leur âme. Non, nos musées, nos bibliothèques, nos opéras ne sont pas emplis d'œuvres attestant l'existence d'une civilisation travaillée par l'impensé colonial et patriarcal.

Tous les hommes par nature désirent savoir, connaître, comprendre, disaient Aristote et l'Europe à sa suite depuis des siècles ; tous les hommes désirent être reconnus, proclame Charles Taylor dans les années 1980-1990 annonçant ou résumant le pathétique évangile de notre hyper ou postmodernité. Comment n'avoir pas le sentiment d'une terrible et funeste régression ?

Mesure-t-on bien les trésors de pensée et d'intelligence dont nous sommes en train de priver les êtres humains en les chaussant de lunettes identitaires et victimaires ? Toutes ces terres inconnues, au propre comme au figuré, qu'ont su défricher nos aïeux, ces flambeaux portés dans les plis et replis du cœur humain, « ces vérités graves », comme le dit Marguerite Yourcenar dans un très beau texte consacré au peintre Nicolas Poussin[1], qu'ont su déceler et élever à l'expression nos écrivains et artistes, n'auraient plus d'autres destins que de comparaître devant le tribunal des questions sociétales et de la cause des minorités et de la diversité et d'être reconduite à la piteuse intrigue de la brute et de ses victimes ?

« Tant de passions, tant d'efforts, tant de controverses, tant d'héroïsme magnifique ou absurde, de bonne conscience ou d'arrogance chez les Européens colonisateurs et puis… rien, rien que de la poussière et de l'oubli remués par les manœuvriers de la repentance. L'histoire [de la France, de l'Europe, de l'Occident], un long mercredi des Cendres », selon la si juste description d'Hubert Védrine.

1. « Une exposition à New York », un texte de 1940 que l'on peut lire dans *En pèlerin et en étranger*, Gallimard, 1989.

Que restera-t-il du magnifique et double pari que nous formons sur l'homme, pari de la liberté du pas de côté, pari de la passion d'interroger, d'explorer, si nous appareillons sous pavillon diversitaire et victimaire ? Que restera-t-il de cette passion de connaître, de comprendre que nous prêtons à l'être humain et qu'exhalent et exaltent la Renaissance et les Lumières, et ce, quels que soient les risques auxquels la recherche du vrai nous expose ? Que restera-t-il, sous l'empire de la tyrannie et du bûcher des susceptibilités, de cet art et plus largement de cette pensée qui « n'a que faire des lisières, des menottes, des bâillons » et qui vous dit « va ! et vous lâche dans ce grand jardin de poésie, où il n'y pas de fruit défendu » (Victor Hugo) ?

Alors, si pour cette idée de l'homme ancrée dans la personnalité européenne et singulièrement française, nous devons plaider coupables devant le tribunal du wokisme, plaidons coupables, mais n'y renonçons pas, persévérons dans notre être.

Il ne s'agit pas d'une simple querelle entre intellectuels ou universitaires ; ce qui se joue ici, et ce n'est pas dramatiser à outrance la question que de l'affirmer, est bien une lutte existentielle pour le sauvetage et la continuité historique de notre modèle de civilisation et pour la pérennité de cette conception aristocratique de l'homme, cette idée que l'homme contient plus que soi, l'homme comme obligé, comme être de devoirs, plus que de droits – les devoirs disent les liens qui nous attachent à l'ensemble ce qui est, de ce qui fut aussi et sera, les droits nous laissent désespérément seuls. Nos facultés, nos dispositions nous sont données à l'état latent, nous avons à devenir hommes…

Combien raillent les vieilles guenilles que nous serions, nous qui regardons l'infiltration du prisme identitaire dans la vie politique, intellectuelle, culturelle comme une très mauvaise nouvelle.

La résistance que nous opposons à la vague et vogue wokistes, à ses homélies, ses arrêts et ses bûchers, serait symptomatique des « Blancs » s'acharnant à défendre leur pré carré. « Ils s'inquiètent, leur vieux monde vit ses derniers feux, il s'éteint inexorablement et ils tremblent de mourir », entend-on volontiers répéter. Le *New York Times* se plaît à présenter « L'Observatoire du décolonialisme et des idéologies identitaires » créé en 2020 comme un cercle quasiment exclusivement composé de retraités. On se rassure comme on peut ! François Cusset, spécialiste de la civilisation américaine et de l'histoire des idées, nous peint en « petite république effrayée, déclinante, provincialisée » qui ne se consolerait pas de ne plus remplir la « mission universelle » qu'elle jouait par le passé.

Petite république, peut-être, mais consciente d'abriter des trésors de civilisation et qui n'entend pas les voir disparaître. Gaulois réfractaires, peuple frondeur, les Français contestent, protestent, et souvent refusent et par là impatientent. Cette manie que nous avons de ne pas ratifier docilement les diktats du prétendu sens de l'histoire, de mettre en balance et ce que l'on poursuit et ce que l'on hasarde, agace. Singularité nationale que ce débat perpétuel, ainsi que ne manquent pas de l'observer les pays étrangers, et qui a l'art d'exaspérer ceux qui subordonnent la politique à l'économie ou confondent la politique et la morale.

Oui, nous tremblons, mais non parce que nos privilèges seraient menacés, non parce que nous serions « moisis », « crispés » et autres joyeusetés, non plus que nous regarderions toute nouveauté avec crainte, mais parce que nous nous formons une idée autrement noble et autrement ambitieuse de l'homme et de la civilisation que celle que porte l'idéologie woke. Croit-on sérieusement que nous n'aurions d'autres motifs que la préservation de nos privilèges ?

Oui, nous tremblons parce que nous nous plaisons infiniment dans le monde de Cyrano qui transforme une éventuelle offense en un feu d'artifices et d'images, monde du Panache, loin des lacrymales victimaires ; dans celui de Voltaire dont Roland Barthes disait magnifiquement qu'il avait su faire du combat pour la raison une fête – or, c'est bien ce qui nous fait défaut, il ne serait pas vain de nous remettre, et vigoureusement, à son école ; dans le monde de Colette aussi et des mots de Sido, sa mère, opposant à l'enfant qu'elle était alors et qui s'était aventurée dans la bibliothèque familiale : « Tu aurais pu attendre un an ou deux, avant de lire [ce roman]... Que veux-tu ! débrouille-toi là-dedans, Minet-Chéri. Tu es assez intelligente pour garder pour toi ce que tu comprendras trop... »

Alors oui, c'est dans un tel monde que nous aspirons à continuer de vivre plutôt que dans celui de ces belles âmes condescendantes qui sous couvert de prendre soin des esprits supposés fragiles réclament des cartels, des avertissements, voire des bûchers pour les mettre à l'abri de tout ce qui pourrait leur dévoiler le monde dans son inépuisable et inquiétante richesse et contrarier l'orthodoxie.

Et s'il ne devait en rester qu'un, soyons celui-là

Nous sommes dans un entre-deux. Dans ces moments à la physionomie indécise « où un point d'interrogation se dresse à la fin de tout » (Victor Hugo). Ou bien nous nous abandonnons de plus en plus complètement à l'inertie et nous nous résignons à assister, impuissants ou complaisants, à l'infiltration des idéologies diversitaires et victimaires ou bien, conscients des belles, et fragiles, et périssables conquêtes de notre civilisation, nous nous ressaisissons et nous bataillons pour elles, pour leur préservation et continuation.

Moment décisif qui demande de la fermeté, de la détermination – une détermination qui n'est possible que si nous reprenons confiance, c'est-à-dire foi, dans notre propre modèle de civilisation, et pas seulement, nous le verrons, dans notre modèle républicain. Il nous faut redécouvrir qui nous sommes et renouer avec l'esprit qui est au fondement de notre civilisation et pas seulement la lettre.

Nous devons entendre l'avertissement que nous adresse, à nous autres Français, le vaillant professeur américain Glenn Loury, fer de lance de la résistance au wokisme sur les campus universitaires : « Soyez vigilants et rebelles car tout est allé si vite ici[1]. » Ici, c'est-à-dire aux États-Unis. Il n'est pas le seul. À la suite de l'article du *New York Times*, auquel j'ai fait référence plus haut, « Les idées américaines menacent-elles la cohésion française ? », nombreux furent les lecteurs qui, sur le site même du journal, appelaient la France à tenir bon.

1. *L'Express*, 21 mars 2022.

L'historien de l'art André Chastel disait que l'on écrit pour laisser quelques traces de ce que l'on a compris, de ce que l'on a aimé, de ce que l'on a préféré. Il s'agit en effet pour moi de partager avec le lecteur deux ou trois choses que je sais de la France, deux ou trois choses que j'aime d'elle et que je comprends, me semble-t-il. Deux ou trois choses, un peu plus en réalité, qui me paraissent grandement mériter que nous nous employions à les préserver, mieux à les revigorer, et que nous serions fort inspirés de brandir face à la déferlante identitaire et diversitaire. Légende, roman, romance, m'objectera-t-on ? Nullement, « Quand sur une personne on prétend se régler/ C'est par ses bons côtés qu'il faut lui ressembler », écrivait Molière, et cela vaut pour une nation et ses sociétaires. Réglons-nous sur les bons côtés de la France et employons-nous à leur ressembler. Fernand Braudel ne disait pas autre chose : « Une nation, écrivait l'historien, ne peut être qu'au prix de [...] s'identifier au meilleur, à l'essentiel de soi, conséquemment de se reconnaître au vu d'images de marque, de mots de passe connus des initiés (que ceux-ci soient une élite ou la masse entière du pays, ce qui n'est pas toujours le cas). » Et puis notre réputation nous oblige : de ces traits qui nous distinguent et dont malgré tout, une grande partie du monde continue à nous gratifier, nous devons répondre afin de leur assurer un avenir.

Ce n'est pas seulement parce que cette histoire est notre « code » qu'il nous faut lui assurer un avenir, non plus parce que le fétichisme du passé serait notre loi ou la nostalgie notre règle, mais parce qu'elle recèle, *humainement* parlant, des trésors d'expériences, parce que la partition que nos ancêtres ont composée et longtemps orchestrée, et dont nous ne savons plus hériter, est infiniment savoureuse et hautement susceptible de nous inspirer nous autres, hommes du XXIe siècle, et à ce moment très précis de notre histoire.

Je conçois et consens qu'au regard du procès qui nous est perpétuellement intenté, il devient de plus en plus difficile de le soupçonner, mais tel est précisément l'objet de cet essai que d'indiquer et de nommer quelques-uns de ces trésors.

N'esquivons plus les questions, elles mériteraient d'être prises à bras-le-corps collectivement : pourquoi nous ne voulons pas vivre dans une France convertie à la logique des identités et au régime, sans même parler de la tyrannie, des minorités et de la diversité ? Pourquoi refusons-nous, et devons-nous refuser, avec la plus vive énergie, d'entrer dans notre histoire, dans nos œuvres d'art, dans notre littérature par le prisme féministe, décolonial, lgbtistes, c'est-à-dire identitaire et victimaire ? Pourquoi ne voulons-nous pas que l'université, l'école, les musées, les théâtres et les opéras, la littérature deviennent des chambres d'écho des questions dites « sociétales », des questions, autrement dit, liées aux femmes, aux minorités, à la diversité ou à l'écologie ? En quoi les *black studies*, les *gender studies*, les *cultural studies* sont une régression et non une avancée ? Une perte et non un gain ? Un assèchement et non un enrichissement ?

L'exercice a, avouons-le, quelque chose de formidablement stimulant. Répondre à ces questions, c'est du même coup, et comme en contrepoint, s'interroger sur le sens que nous attachons à la littérature, à la peinture, à l'histoire. Pourquoi avons-nous besoin des grandes œuvres de l'esprit ? Que demandons-nous aux historiens, aux philosophes, aux romanciers ? Non pas assurément, qu'ils nous parlent de nous au sens privatif du mot, comme s'il n'y avait vraiment que cela qui nous intéressait, mais de nous en tant que tous embarqués dans l'humaine condition.

Là est la vertu de toute crise – et c'est bien une crise de l'humanité européenne que nous vivons – que de nous contraindre à revenir aux questions elles-mêmes. Regardons ce moment de contestation comme l'occasion de rendre à notre forme de vie et à nos principes, leurs fondements, leurs fondations, leur inspiration, partant leur énergie et leur vigueur. De cette épreuve, nous pourrions sortir fortifiés car sachant qui nous sommes et ce que nous voulons et ne voulons pas.

Je tiens à préciser – tout en sachant que, dans le contexte si peu loyal qui est le nôtre, pareille protestation à toutes les chances de demeurer vaine – que si je suis entrée dans ce combat, ce n'est pas par « hostilité à l'égard des cultures venues d'ailleurs, particulièrement des régions anciennement coloniales », contrairement à l'hypothèse formée par Pap Ndiaye dans *La Condition noire. Essai sur la minorité noire en France*, pas plus que je ne suis mue par je ne sais quelle « homophobie » ou complicité avec l'assujettissement des femmes. C'est exclusivement parce que nous sacrifions une très haute et très généreuse idée de l'homme. Ce n'est pas parce que le communautarisme, le multiculturalisme n'est pas notre « code » que je ne veux pas que nous nous y convertissions, mais que ce modèle de civilisation rétrécit, rabougrit l'homme en l'enkystant dans le cercle étroit de son identité, au lieu de travailler à l'agrandir en éperonnant en lui la liberté du pas de côté (et non de l'arrachement). Et du même coup, rétrécit l'histoire, rétrécit les œuvres en les abaissant à notre niveau au lieu de nous hisser à leur hauteur.

Qu'on me permette un mot sur le titre que j'ai donné à ce chapitre inaugural : « Comment ne pas devenir américains ? » Qu'on ne se méprenne pas. Ce n'est pas le peuple américain qui est ici désigné comme repoussoir. Les Américains sont assurément les premières victimes de ce grand travail de sape de nos civilisations qu'est le wokisme. L'Amérique dont il s'agit ici, c'est celle des campus universitaires, assurément, mais non moins désormais de la plupart des classes dirigeantes, politique, journalistique, médiatique, industrielle et financière.

Un mot également sur l'usage du terme « élite ». J'y recours non sans scrupule car je n'ignore rien des relents poujadistes de l'anti-élitisme. La trahison vient bien des élites, mais d'élites qui ne le sont plus que par leur position sociale et leurs revenus, nullement par leur conscience d'« appartenir à une classe *vouée* à tenir un rôle directeur » par rapport à l'ensemble de la nation, selon le beau portrait qu'en peignait Marc Bloch, soucieuse de marquer « par mille détails, du costume, de la langue, de la bienséance » leur attachement à un certain prestige collectif. Au contraire, nos élites dépourvues de tout sentiment d'appartenance nationale sont aux avant-postes de la conversion wokiste.

« Être seule contre tous ne fait pas peur à la France », proclamait l'hebdomadaire *Marianne* en octobre 2020, au lendemain de la décapitation par un islamiste du professeur d'histoire-géographie Samuel Paty, et alors que, y compris dans des pays dits amis, aux États-Unis et au Canada, nous étions vivement contestés pour notre licence quant à la liberté d'expression. Est-ce si certain ?

On aimerait que la France s'obstinât dans sa singularité, qu'elle demeurât fidèle à une certaine idée d'elle-même. Tout atteste le contraire. L'exfiltration, en 2020, après qu'elle fut maculée de peintures rouges par des activistes décoloniaux, de la statue de Voltaire du jardinet Honoré-Champion et sa relégation programmée, loin des regards, sous les arcades de l'École de médecine, est un très mauvais signe.

Pour ne pas devenir tout à fait américains, nous avons donc notre histoire, pourvu toutefois que, dans le grand concert des nations, nous regardions la partition que nous avons écrite au fil des siècles et longtemps interprétée comme éminemment délectable.

Haut les cœurs ! Souvenons-nous de la fière réplique de Rabaut Saint-Étienne en 1789 : « Nation française, tu n'es pas faite pour recevoir l'exemple, mais pour le donner ! » Cultivons notre singularité et si, de tous les pays menacés, il ne devait en rester qu'un, pour paraphraser Victor Hugo, faisons en sorte d'être celui-là. Longtemps nous n'avons ressemblé à personne, et nous ne le souhaitions pas, ayons le courage de la dissidence civilisationnelle !

II

Comment en sommes-nous arrivés là ? Généalogie d'une conversion déjà bien avancée

Comment expliquer la séduction que les idéologies diversitaires exercent sur nos élites, politiques, médiatiques, culturelles, intellectuelles ? Comment comprendre qu'universitaires, instituteurs, professeurs de collège et de lycée, journalistes, conservateurs de musée, éditeurs, édiles, députés, se fassent si servilement les vecteurs de ces dogmes ? Confort moral et intellectuel, intimidation, paresse, calcul (« *diversity makes money* », comme le proclame sans fard l'industrie cinématographique américaine), clientélisme communautaire, assurément. Ces réponses n'épuisent toutefois pas la question.

« Il ne faut jamais résister aux gens qui sont les plus forts. » De toute évidence, nos élites ont fait leur la devise du comte de Bréville dans *Boule de suif*. Et les forts aujourd'hui, ce sont les femmes, les Noirs, les musulmans, bref les « minorités » et la « diversité » et leur exigence de « visibilité », dernière venue dans l'ordre des revendications et plus redoutable et tyrannique encore.

Cette force, les identités l'ont conquise au fil des dernières décennies. Conquise en effet, car c'est bien d'une conquête qu'il s'agit, d'un véritable coup de force tant s'orienter selon l'identité de sexe, de sexualité, de religion, de race est étranger et même contraire à l'esprit français et pas seulement républicain. Souvenons-nous du mot de l'historien Jacques Bainville[1] : « Le peuple français [...], c'est mieux qu'une race. C'est une nation. »

D'où vient que nous ayons perdu cette foi en nous-mêmes, que nous n'ayons plus rien vu de suffisamment précieux dans notre forme de vie pour la défendre contre un mouvement qui nous est si étranger et contraire ?

J'emprunterais volontiers la métaphore de l'arbre. Les racines plongeraient dans un esprit critique exacerbé, une passion française de la contrition qui vira à la tyrannie de la repentance dans les années 1980. La pédagogie progressiste qui, avec l'alibi de la liberté et d'une créativité originelle, renonce à transmettre à l'enfant la civilisation historiquement constituée dans laquelle il entre en naissant, en formerait le tronc. De là, les branches qui en sortent, les différents courants constitutifs du wokisme, qui vont trouver dans ce sol lavé comme une grève l'aliment qui fera leur vigueur. La place du symbolique ayant été laissée vacante, les appartenances premières sont venues la combler. L'identité nationale se retirant, les identités tribales et minimales se sont offertes comme identités de substitution. Vrai problème, mauvaise, très mauvaise solution !

Rien de plus hideux qu'un peuple sans fidélité, disait Simone Weil, rien de plus hideux et rien de plus vulnérable.

---

1. Pour ceux que la simple évocation de ce nom inquiéterait, ou pis, conduirait à interrompre ici leur lecture, je renvoie au texte, admirable, de l'historien Patrice Gueniffey : « Jacques Bainville historien » *in Histoires de la Révolution et de l'Empire*, Paris, Perrin, coll. « Tempus », 2011. N'oublions jamais que notre époque est habile et qu'elle dissimule volontiers sa paresse sous l'indignation vertueuse !

Qu'on me permette un rapide retour en arrière afin de prendre la mesure du poids qu'il nous faudrait avoir la force et le courage de soulever.

Gardons à l'esprit le rôle majeur joué par la construction de l'Europe institutionnelle dans l'effacement de la nation, ce formidable intermédiaire cependant entre l'individu et l'humanité. Au sortir de la guerre, loin d'être comprises comme pourvoyeuses de vie, les nations ne sont plus regardées que comme principes d'antagonismes meurtriers. Leur obsolescence est programmée. Relisons le discours de Jean Monnet à Washington, le 30 avril 1952 : « Nous ne coalisons pas les États, nous unissons les hommes. » Déclaration qui peut être lue comme le faire-part de décès des nations : l'unité de base de l'Europe n'est plus la communauté des citoyens, les peuples, l'homme : l'individu, délié de toute histoire, de tout passé, porteur de droits, créature juridique et exclusivement juridique. De quoi vous jeter dans les bras des sirènes identitaires.

Un modèle qui souffre de légitimité aux yeux de nos élites

L'entrée de la France dans l'âge identitaire remonte aux années 1980. Mais ce qui a d'abord pâli, et c'est ce point que je voudrais faire ressortir dans un premier temps, est l'idée même de cultiver sa singularité, ce que j'appelle le courage de la dissidence. Je tenterai de montrer comment l'uniformisation, l'alignement est devenu une sorte de norme.

Longtemps, nous n'avons ressemblé à personne et nous ne le souhaitions pas. La partition qu'avaient commencé d'orchestrer nos aïeux et qu'ils nous léguaient faisait notre fierté. Nous l'exécutions et l'arrangions avec délectation. Elle nous paraissait si savoureuse que nous la jugions digne de valoir pour l'humanité entière. Notre prétention à l'universel nous joua certes des tours mais enfin, nous étions admirés, recherchés, imités. Nous étions attachés à l'originalité française, une originalité dont la conscience s'était formée à la Renaissance, cristallisant dans *Les Recherches de la France* d'Étienne Pasquier, et nous prenions soin de la cultiver. Nous savions de surcroît, instruits par Montesquieu, qu'un pays fait mal ce qu'il fait contre son génie même. Exemple tout à fait remarquable, le XVIIIe siècle. Le modèle anglais exerce alors une très forte séduction sur nos penseurs, Voltaire ou Montesquieu notamment, mais pas au point de les disposer à sacrifier la forme de vie qui nous est propre, comme l'observe et l'établit Philippe Raynaud dans son bel ouvrage *La Politesse des Lumières* : « Dans les Lumières françaises, écrit le philosophe, la reconnaissance des mérites de l'Angleterre ne conduit généralement pas à attribuer à son régime politique une supériorité absolue qui obligerait la France à le prendre pour modèle [...] Ce qui reste constant chez les meilleurs auteurs, c'est l'idée que la différence entre l'Angleterre et la France exprime une polarité fondamentale au sein de l'Europe moderne, dans laquelle la première exprime l'orientation fondamentalement commerçante des quasi-républiques modernes, là où la seconde illustre l'affinité naturelle de la "politesse" avec la monarchie civilisée (ou civilisatrice) ».

Et puis nous avons commencé à douter de nous-mêmes. Pour résumer les choses à grands traits, et j'en appelle par avance à l'indulgence du lecteur, ce fut d'abord sur le plan économique que la France se regarda avec sévérité. Dès les années 1950-1960, elle n'apparaissait plus « adaptée » aux impératifs nouveaux. La hantise d'être en retard nous gagnait. « Les fermes » étaient sommées de « marcher avec leur temps », comme l'observe, non sans ironie ni grincement Jean Giono. La France faisait figure de vieille dame, inadaptée au monde qui venait, démodée, périmée. Son génie, que Madame de Staël avait magnifiquement résumé, grâce, goût, gaieté, n'était plus de saison. La partition était sans doute charmante, mais l'heure n'était plus aux charmes et à la bonhomie, mais à la rentabilité, à l'efficacité, à l'utilité. Et c'est bien ce que signifie le persiflage du président Pompidou lors de sa conférence de presse du 21 septembre 1972 : « Chère Vieille France ! La bonne cuisine ! Les Folies Bergère ! Le gai Paris ! La haute couture... Du cognac, du champagne et même du bordeaux et du bourgogne ! C'est terminé ! La France a commencé et largement entamé une révolution industrielle. » Mais enfin, la volonté d'une France puissante et rayonnante portait encore nos dirigeants.

Avec le temps, le ton et l'atmosphère vont s'aigrir. Sur fond de décolonisation, de procès des années de collaboration, la vieille dame cède peu à peu la place au coupable et au criminel. Toutes les fautes nous seront imputées. Au fil des années, l'esprit critique, génie et grandeur de l'Occident, tourna à ce que Octavio Paz qualifia de « masochisme moralisateur ». L'Occident tout entier est concerné. On pourrait égrener quelques dates : on songe évidemment à Sartre, à sa préface de 1961 aux *Damnés de la Terre* de Franz Fanon, et à sa célèbre conclusion : « Abattre un Européen, c'est faire d'une pierre deux coups. Supprimer en même temps un oppresseur et un opprimé. Restent un homme mort et un homme libre », la même année, paraît la tribune de Susan Sontag dans *Partisan Review* et son diagnostic sans nuance de la « race blanche, cancer de l'humanité » (et si, à la différence de nos wokistes, elle en excepte encore Shakespeare, Pascal, Mozart, l'algèbre ou le parlementarisme, elle précise toutefois que cela ne vaut pas absolution). On pourrait également citer Lévi-Strauss qui, en 1955, dans *Tristes tropiques*, réussit le prodige de retourner contre l'Occident, et de baigner dans les eaux troubles d'une essentielle culpabilité, l'un de ses traits volontiers mis à son crédit : « On a dit parfois que la société occidentale était la seule à avoir produit des ethnographes ; que c'était là sa grandeur et, à défaut des autres supériorités que ceux-ci lui contestent, la seule qui les oblige à s'incliner devant elle [...] On pourrait aussi prétendre, suggère alors Lévi-Strauss, le contraire : si l'Occident a produit des ethnographes, c'est qu'un bien puissant remords devait le tourment, l'obligeant à confronter son image à celle des sociétés différentes dans l'espoir qu'elles réfléchiront les mêmes tares. »

L'esprit critique vire ainsi, chez nous, au vice national. Michelet déjà, en 1846, mettait en garde contre « cette manie singulière » toute française, « de se dénigrer soi-même, d'étaler ses plaies » : « La France a cela de grave contre elle, résumait-il magnifiquement, qu'elle se montre nue aux nations. Les autres, en quelque sorte, restent vêtues, habillées [...] Prenez garde, pourtant, prenez garde. Ce jeu-là est dangereux [...] si nous nous disons méprisables, [on] pourrait bien nous croire. » Et surtout nous-mêmes y avons cru et continuons pour certains d'y croire.

Circonscrit d'abord à certains milieux, le discours de repentance est appelé à devenir de plus en plus officiel. Point d'orgue, l'allocution du président Jacques Chirac le 17 juillet 1995 prononcée lors des cérémonies de commémoration de la rafle du Vél' d'Hiv' de juillet 1942 et ce verdict redoutable : « La France, patrie des Lumières et des droits de l'Homme, terre d'accueil et d'asile, la France, ce jour-là, accomplissait l'irréparable. »

Enfin, bouleversement majeur, et aux conséquences délétères et pour les individus et pour la continuité historique de notre civilisation : la conversion de l'école républicaine à une pédagogie progressiste rompant avec la représentation de l'enfant comme nouveau venu dans un monde et très exactement dans une communauté historiquement constituée, qui le précède, qu'il doit apprendre à connaître et à aimer afin d'aspirer à le continuer dans ce que celle-ci a de meilleur. L'école était le lieu par excellence où l'enfant découvrait que son pays, sa nation, sa patrie – et pas seulement sa famille, pas seulement l'église, pas seulement son village – était pourvoyeuse de vie : l'histoire, la langue, la littérature lui étaient transmises de telle sorte qu'ils s'en nourrissent, qu'ils la transmuent en sa propre substance. Changement d'anthropologie : l'élève, aux yeux de cette pédagogie nouvelle qui sévit à partir des années 1970, entre dans le monde, tout armé, se suffisant à lui-même et l'école n'a plus pour mission de l'élever, de le hisser plus haut que lui-même, mais de lui permettre de s'épanouir, telle une fleur ; la verticalité cède la place à l'horizontalité. L'école ne se donne plus pour mission de former des héritiers, au sens dynamique du terme, elle ne désigne plus où sont les trésors. De cette école procèdent ces héritiers sans testament que sont les moins de cinquante ans – ce qui commence à faire du monde. C'en fut fini d'une école solidement établie sur ses deux piliers, la continuité historique du pays et la préservation de la nouveauté dont l'enfant est porteur par naissance. La pédagogie progressiste et sa philosophie gagnent tous les continents – témoin l'essai, pionnier, d'Hannah Arendt, *La Crise de l'éducation*, qui date de 1960 et concerne alors les seuls États-Unis – mais cette conversion prend un tour particulièrement cruel en France où l'école constituait une pièce maîtresse dans la fabrication des Français.

La « démoralisation » de nos civilisations est un des ressorts majeurs du triomphe du wokisme. Un demi-siècle de tyrannie de la pénitence, conjugué à un demi-siècle de pédagogie progressiste et de renoncement à donner à connaître et à aimer la France, ce cocktail a fini par produire ses effets. Il nous arrive ce qui arriva à l'instituteur interprété par Bernard Fresson dans *Les Feux de la Chandeleur*, un très beau film, par trop méconnu, du cinéaste Serge Korber avec Annie Girardot et Jean Rochefort. Bernard Fresson projette des diapositives de ses années de jeunesse militante, parmi celles-ci, s'est glissé l'image d'une jeune femme noire. Interrogé sur l'identité de cette dernière, il a cette réponse extraordinaire et qui mord si cruellement sur notre présent : « C'était Monica, mon époque noire. Je faisais du racisme à l'envers. Je ne parlais que de négritude, de pouvoir noir. Résultat : Monica, tellement acquise à mes idées, les a appliquées au pied de la lettre. Un jour elle n'a plus supporté la vue d'un blanc, moi le premier ! »

« Dénoncer ses propres erreurs » est assurément une noble chose, mais l'exercice deviendrait mortifère pour un pays, avertissait Albert Camus, s'il devait conduire à perdre de vue les raisons de s'estimer. Or, il semblerait que, de manière très perverse, nous nous soyons livrés à cet examen critique afin de perdre toute raison de nous estimer. Afin d'attester à la face du monde que notre civilisation était condamnée et ne devait point avoir d'avenir.

L'entrée de la France dans l'âge identitaire

Viennent alors les années 1980 et l'entrée de la France dans l'âge identitaire avec l'émergence des thématiques et revendications identitaires. Certes, à l'époque on ne parle pas encore de « minorités » et de « diversité », non plus de « visibilité ». On communie alors, dans le culte de l'Autre et de sa « reconnaissance ». L'idole de l'Ouverture à cette altérité sacralisée fait son apparition. L'accord majeur est donné, la bride lâchée : les identités investissent l'espace public pour ne plus s'en retirer. Une note de la fondation Jean-Jaurès fait apparaître que dès les années 1970 la notion de « droit à la différence » apparaît dans la pensée et les discours socialistes.

En 1981, quelques semaines avant l'élection présidentielle, la première édition de la Gay Pride a lieu et Jack Lang y participe fièrement, comme il participera aux suivantes. Suivent en 1983, « la marche des Beurs » et en 1984, la création de SOS Racisme. « Tournant capital pour la gauche », analyse Marcel Gauchet dans *Comprendre le malheur français*, et qui ne signifie pas autre chose que « l'abandon, de fait, du modèle républicain ». « On assiste alors, poursuit le philosophe, entre 1984 et 1986, à la mise de côté de l'idée républicaine qui, en France, avait des assises vénérables, au profit d'une vision complètement différente de l'individu et de son rapport à la collectivité. » En 1989, la commémoration du bicentenaire de la Révolution française est confiée au publicitaire Jean-Paul Goude et conçue comme un hymne au métissage. Et bientôt, en octobre de la même année, l'affaire du voile islamique de Creil. La France et sa puissance de résistance sont mises à l'épreuve, ainsi que le comprendront d'emblée Élisabeth Badinter, Régis Debray, Alain Finkielkraut, Élisabeth de Fontenay, Catherine Kintzler : « L'avenir dira si l'année du bicentenaire aura vu le Munich de l'école républicaine », écrivent-ils dans un appel publié par *Le Nouvel Observateur*, le 2 novembre. Capitulation de l'école, mais plus largement du modèle français. Et ce sur fond d'affaire Rushdie – le 2 novembre 1989, l'ayatollah Khomeiny lançait en effet une fatwa contre l'auteur des *Versets sataniques* – or, là encore, là aussi, comme le résumera souverainement le romancier lui-même, se jouait, et se joue toujours, notre personnalité, notre identité, une certaine idée de l'humanité européenne, et pas seulement l'enjeu de la liberté d'expression : « La question qui se pose, à travers moi, rappelle ainsi Rushdie, est de savoir si l'Europe est prête à défendre les formes qui la définissent. Est-ce que le continent de la culture du roman saura défendre ses romanciers ? [...] Mon cas est un test[1]. »

Dès lors, le fleuve ne cessera plus de grossir. Glanons ici ou là quelques indices, plus confondants les uns que les autres : en 2002, les cendres d'Alexandre Dumas sont transférées au Panthéon et le président de la République d'alors, Jacques Chirac, dit sa fierté de faire entrer dans ce haut lieu de la patrie reconnaissante à ses grands hommes, le « descendant d'esclaves », le « fils de mulâtre, sang mêlé de bleu et de noir »,

1. Ce point est magnifiquement établi, approfondi par Milan Kundera dans *Les Testaments trahis*. Il faut lire, ou relire, toute affaire cessante, le chapitre « Le jour où Panurge ne fera plus rire ».

qui « avait dû affronter les regards d'une société française » qui « lui fera grief de tout : son teint bistre, ses cheveux crépus ». En 2004 sont introduits les quotas de femmes en politique. En 2006, Toni Morrison est invitée au musée du Louvre. Parmi les convives, figure la jeunesse de la maison de la culture de Bobigny, et que propose la romancière à ces jeunes gens du 93 ? De « rapper » et « slamer » sur le thème « étranger chez soi » devant les œuvres de Delacroix et Géricault, *Les Femmes d'Alger* et *Le Radeau de la Méduse* (en vertu de la présence d'un Noir). Condescendante hantise de dépayser ces jeunes gens... J'ai parlé de prison des identités, conçoit-on preuve plus éclatante ?

Le doute sur nous-mêmes avait préparé le terrain. Les thèses anglo-saxonnes faisant de la reconnaissance des identités particulières un devoir pouvaient pénétrer en France sans se heurter à la moindre résistance. Bien au contraire.

Nous faisons en effet, et c'est bien cela qui nous perd, comme si la question de l'identité personnelle ne pouvait recevoir qu'un traitement et qu'une réponse, celle que lui a donnée, entre autres penseurs, le Canadien Charles Taylor. Son livre paraît en 1992 sous le titre *Multiculturalism and Politics of Recognition*, sa traduction française, deux ans plus tard, sous le titre *Multiculturalisme. Différence et démocratie* fera forte impression dans les milieux intellectuels. Le philosophe explique que l'exigence de reconnaissance qui s'élève dans les rangs des féministes et des associations noires n'est pas seulement « une politesse », elle est un devoir, au motif qu'une identité non reconnue ou mal reconnue serait une blessure infligée à l'individu : « La reconnaissance n'est pas simplement une politesse que l'on fait aux gens : c'est un besoin humain vital. »

L'identité personnelle serait ainsi toujours déjà constituée, une sorte de donnée qui attendrait sa reconnaissance. Ici, Taylor parle en moderne, en hypermoderne. Les Grecs l'entendaient en un tout autre sens, et nous à leur suite.

C'est à Hannah Arendt qu'il revient d'avoir revivifié sur le plan conceptuel l'acception antique de l'identité. Chez les Anciens, l'identité s'entend en un sens narratif : à la question « Qui êtes-vous ? », il n'est qu'une réponse pour les Grecs : « Laissez-moi vous raconter une histoire », résume en substance Arendt, inspirée par la conteuse Karen Blixen. Qu'est-ce en effet qu'une vie humaine sinon la rencontre, le jeu entre *virtù* et *fortuna*, entre l'homme et la fortune, la configuration propre à la situation du moment, et c'est à la faveur de ce jeu que l'individu découvre ce qu'il peut, révèle qui il est aux autres, mais aussi, mais d'abord à lui-même. C'est dans la surprise que je suis pour moi-même que s'atteste la liberté. Aussi n'est-ce qu'à la fin d'une vie qu'on pourra dire « qui » était quelqu'un, la personne unique qu'elle était et qui nous fera dire qu'« avant, il n'y avait vraiment personne ».

Achille, Hector, Ulysse aussi aspiraient à « devenir pleinement visibles » (*andres epiphaneis*) afin de demeurer dans les mémoires, mais cette visibilité était une conquête, non un donné, moins encore un droit ; elle s'acquérait à la faveur des nobles actions que l'on était capable d'accomplir et de beaux discours qu'on était susceptible de prononcer. Si Arendt réinvestit cette signification ancienne, c'est bien qu'elle la tient pour infiniment plus généreuse, au sens que le XVIIe siècle attachait à ce terme, grande et noble.

Quel lien avec la France ? Il est des plus étroits car c'est bien de cette conception de l'identité personnelle que nous héritions en faisant du mérite, et non d'on ne sait quel attribut (sexe, couleur de peau, sexualité...), le seul principe d'appréciation. Jamais il n'a suffi en France de se contenter de naître pour être digne de distinction. Relisons Molière et les mots, sublimes de grandeur, de Dom Luis à son fils Dom Juan : « Ne rougissez-vous point de mériter si peu votre naissance ? Êtes-vous en droit, dites-moi, d'en tirer quelque vanité ? Et qu'avez-vous fait dans le monde pour être gentilhomme ? Croyez-vous [...] que ce nous soit une gloire d'être sorti d'un sang noble lorsque nous vivons en infâmes ? Non, non, la naissance n'est rien où la vertu n'est pas. Aussi nous n'avons part à la gloire de nos ancêtres qu'autant que nous nous efforçons de leur ressembler. » Je ne peux, hélas, continuer. Mais, comme dirait Gide, vous lirez, n'est-ce pas, lecteurs...

Le récit intersectionnel, un complotisme pour élites

Deux autres facteurs sont à prendre en considération afin de rendre compte de la séduction qu'exerce l'idéologie woke sur nos élites et notamment sur nos universitaires, professeurs et intellectuels.

Le caractère idéologique du wokisme, c'est-à-dire l'intrigue extrêmement sommaire et mélodramatique qui l'inspire, joue en sa faveur. Tocqueville l'avait anticipé. L'homme démocratique, observait-il, est un homme pressé, aussi a-t-il le goût des idées générales, elles dispensent d'étudier les cas particuliers et « contiennent beaucoup de choses sous un petit volume et donnent en peu de temps un grand produit ». Et formidable intuition de l'auteur de *De la démocratie en Amérique* : les carrières intellectuelles ne feront pas exception. « Les succès faciles et les jouissances présentes » seront tout autant recherchés par les chercheurs, les universitaires, les écrivains, les penseurs. Le simplisme est une arme de séduction massive, singulièrement en des temps démocratiques et rares sont ceux qui y résistent.

Le récit intersectionnel est à cet égard, et doublement, un chef-d'œuvre : simplisme et généralité y trônent en maîtres. Un homme blanc, animé de la passion de dominer et avançant masqués, ses victimes et l'affaire est nouée. L'intrigue wokiste satisfait à ce goût et à ce besoin de produits rapidement ficelés, contenant beaucoup de choses sous un petit volume. Quel que soit l'objet de l'enquête, sans délai, il se trouve expliqué, et sans reste. Se retrouvent ainsi, ici, tous les ingrédients qui font le succès des théories du complot auprès des masses. Même vertu de l'inconnu ramené au connu ; même sortilège de la cohérence parfaite ; même appât de puissances occultes à débusquer (les fameux « impensés », patriarcal, colonial). On notera, non sans perplexité, la différence de traitement entre les deux sortes de complots : les médias ont leurs préposés à la traque aux complotistes, mais il ne s'agit que de ceux qui séduisent le peuple.

Si le professeur était un révolté...

« Si le philosophe était un révolté, il choquerait moins. Car enfin, chacun sait à part soi que le monde comme il va est inacceptable ; on aime bien que cela soit écrit, pour l'honneur de l'humanité quitte à l'oublier quand on retourne aux affaires. La révolte donc ne déplaît pas », observait, sagace, Merleau-Ponty. Il entre assurément quelque chose de cette nature dans l'adhésion des professeurs, des artistes, des acteurs, des *people* à l'idéologie victimaire et ses arrêts comminatoires. Se draper dans les atours du révolté, de l'indigné, est le péché mignon de l'homme de gauche, plus largement du progressiste, et ce, de longue date. Celui-ci est toujours en quelque sorte en quête de victimes, idoles auxquelles il sacrifie sans scrupule une civilisation dont il ne manque pas dans le même temps de jouir, et ce, notamment, pour mieux se laver de sa position de clerc. Partant, peu importe la consistance du propos. L'essentiel est de pouvoir s'ériger en « éveillé », avant-garde de la pensée avancée.

Il faut être Raymond Aron – espèce aussi rare hier qu'elle ne l'est aujourd'hui – pour avoir la hardiesse d'opposer à ceux qui lui reprochaient sa « dramatique sécheresse » cette vigoureuse réplique : « Nous que la misère des hommes n'empêche pas de vivre[1], qu'elle ne nous empêche pas au moins de penser. Ne nous croyons pas tenus de déraisonner pour témoigner nos bons sentiments. »

De toute évidence, le parti de la déraison est préféré et l'obsession de donner des gages de son appartenance au camp du Bien triomphe de toute autre considération. Quant à nos instituteurs et professeurs des collèges et des lycées, ils sont de plus en plus rares à partager le sentiment de Péguy. « Faire l'école » n'est pas à leurs yeux ce qu'il y a de plus beau au monde, se contenter d'enseigner « à nos enfants la règle de trois et surtout la preuve par neuf », de leur donner la langue avant de leur donner la parole est par trop modeste. « Exercer un gouvernement

---

1. Raymond Aron venait de rappeler qu'il n'avait guère connu que Simone Weil que la misère de ses semblables empêchât réellement de vivre.

temporel des esprits », tentation contre laquelle Péguy mettait cependant en garde les professeurs, leur semble autrement valeureux. « C'est à ce jeu, avertissait Péguy, que les curés ont perdu la France [...] Il faut se faire à cette idée que nous sommes un peuple libre. »

Je l'ai dit, la contamination wokiste est loin désormais d'être cantonnée au monde universitaire. C'est par lui néanmoins que cette idéologie s'est diffusée à travers l'ensemble de la société. Facultés et grandes écoles se sont fait et se font les auxiliaires les plus résolues de l'importation de l'idéologie woke en France. Leur rôle, et leur responsabilité dans l'oubli de nous-mêmes, est décisif : c'est en leur sein que se forme la jeunesse d'aujourd'hui et de demain, celle qui a déjà et qui aura à répondre du monde. La nation qui ploie, les entreprises qui plient, les institutions culturelles qui ouvrent grand leurs portes aux néo-féministes, aux décoloniaux, aux adeptes du genre sont soit directement entre les mains, soit sous le joug et l'autorité de cette jeunesse dépourvue de boussole autre pour s'orienter que celle des droits des minorités, de la diversité, et autres victimes de la civilisation occidentale.

Le renouvellement des générations est le défi majeur qu'il nous faudrait savoir, et surtout vouloir, relever. Évoquant l'« affaire » qui l'opposa au journal *Le Monde* (et sur laquelle nous reviendrons plus loin), le dessinateur Xavier Gorce nous en avertissait dans *Raison et dérision* car c'est bien devant les nouvelles générations que le quotidien du soir plia, celles des réseaux sociaux assurément, mais non moins, et peut-être d'abord, la jeune garde des journalistes du journal, ces jeunes gens frais émoulus de Sciences Po, des écoles de journalisme, universités et autres, ces lieux dominés, écrivait Gorce, par « une sociologie de combat revisitée par le communautarisme *made in US* ». Et le processus n'en est qu'à ses débuts.

Les maux dont souffrirait l'Occident diagnostiqués par les Diafoirus du wokisme

Considérons les deux principaux arguments par lesquels les tenants de ces idéologies s'imposent. Ces études nous seraient non seulement un renouvellement et un enrichissement de méthodes, mais d'abord, elles auraient des vertus curatives : elles viendraient nous guérir de nos maux d'Occidentaux. Quels sont-ils, ces maux diagnostiqués par les Diafoirus du wokisme et dont ces derniers posséderaient le remède ?

Notre prétention à l'universel nous abuserait et nous aveuglerait. Nos représentations ne refléteraient jamais que le regard de l'homme blanc hétérosexuel sur les êtres et les choses. Regard de dominant, de prédateur réduisant fatalement tout ce qui n'est pas lui à un objet. Vous n'en avez pas conscience ? C'est normal, nous rassure-t-on, on ne « se déconstruit » pas du jour au lendemain, et c'est bien pourquoi nous autres endormis, nous aurions besoin des woke, ces autoproclamés « éveillés », et c'est pourquoi les institutions les convoquent. Nous pourrions toujours, avec Montaigne et l'idéal humaniste auquel il a donné sa plus belle et noble expression, postuler que « tout homme porte en lui la forme de l'humaine condition », ce ne serait là que ruse de la raison occidentale pour mieux « invisibiliser » tout ce qui n'est ni homme, ni blanc, ni hétérosexuel. Bref, ce masculin à portée prétendument générique ne serait à entendre qu'en son sens sexué.

« Est-ce la vie d'un homme ? Oui, et la vie des autres hommes aussi. Nul de nous n'a l'honneur d'avoir une vie qui ne soit qu'à lui. Ma vie est la vôtre ; votre vie est la mienne, vous vivez ce que je vis. La destinée est une. Prenez donc ce miroir, et regardez-vous-y. » À ces mots, magnifiques, que Victor Hugo inscrivit au seuil des *Contemplations*, l'idéologie diversitaire et victimaire n'a rien d'autre à répondre que ruse de la raison occidentale. Dans ce miroir, vous ne contemplerez que le mâle blanc hétérosexuel méprisant tout ce qui n'est pas lui.

Notre regard de « blanc » serait fatalement le regard d'un dominant, fabriquant inlassablement et à foison des victimes ; de ce regard, nous serions incapables de nous extraire ; nos représentations en seraient de part en part imprégnées, à notre insu. Et là serait le nœud de l'affaire : englués que nous serions dans notre être d'Occidentaux, la lumière ne pourrait venir que de « nos victimes », elles seules pourraient se flatter de déceler ce fameux « impensé » colonial et/ou sexiste. Et chacun d'ânonner le refrain de la nécessité de « désoccidentaliser notre regard », de le « décentrer », de « faire place à l'altérité » [1], ratifiant ainsi implicitement la thèse d'une essentielle partialité de l'intelligence occidentale.

Aussi serait venu le temps de chausser des lunettes diversitaires, de réécrire l'histoire nationale, l'histoire de l'art de la littérature d'un point de vue féministe, ou homosexuel, ou noir. L'humaine condition se trouve ainsi pulvérisée, décomposée, archipellisée en condition noire, condition féminine, condition musulmane, etc., et la liberté de l'esprit niée. Sauf que ce qui fait le penseur ou l'artiste est précisément la faculté de s'extraire de tout déterminisme, de se déplacer en esprit, de vivre d'autres vies que la sienne.

1. Poncifs en vigueur jusqu'au musée de L'Armée. Cf. « Invalides : focus sur la période coloniale », *Le Figaro*, 12 mai 2022. Je renvoie également au site du musée de l'Armée : https://www.musee-armee.fr/minerve-le-musee-de-demain.html.

Si l'être humain ne recélait pas ce mystérieux pouvoir de se quitter, la pensée, l'art serait-il même possible ? Alchimie qui ne se fera jamais chimie. Énigme indéchiffrable. Et c'est pourquoi Flaubert peut concevoir et peindre avec une si profonde et inépuisable vérité Emma Bovary ou Colette, le Frédéric Peloux de *La Fin de Chéri*, cet homme brisé par l'épreuve de la Première Guerre mondiale, qui inspirera à Aragon le personnage d'Aurélien.

Quelle féministe aurait aujourd'hui la liberté de penser (et plus encore de dire) ce que Jeanine Moulin, auteur dans les années 1970 de l'anthologie *Huit siècles de poésie féminine* pouvait encore écrire à savoir que « le seul poème qui rende à la perfection l'éveil d'une intelligence féminine à elle-même » était *La Jeune Parque* de Paul Valéry ?

Refusons d'entrer dans cette logique, école d'aveuglement bien plus que de dévoilement. L'esprit est libre, et nous ne dormons pas, et nous n'avons jamais dormi. L'esclavage et la colonisation ont rencontré ses plus vives et farouches critiques en Occident. Nous avons toujours eu des yeux et des larmes pour les vaincus de l'histoire, mais l'histoire n'est pas écrite en blanc et en noir.

L'idéologie diversitaire et victimaire conteste ainsi le cœur battant de notre être d'Européen. Comment pouvons-nous si aisément, si légèrement abdiquer devant pareille diatribe quand tout notre héritage et d'abord notre expérience, ainsi que l'expérience des hommes au fil des siècles et à travers le monde proteste – et avec force – contre ce réquisitoire ? Et quelle plus puissante réplique que celle de Césaire lorsque, interrogé sur les lectures qu'il prescrirait à un jeune Martiniquais qui lui demanderait « ce qu'il doit lire pour découvrir ce qu'il est », le poète répond : « La culture universelle ! Tout doit l'intéresser : le grec, le latin, Shakespeare, les classiques français, les romantiques, etc.[1]. »

Considérons à présent l'autre argument, corrélé au précédent, régulièrement invoqué par les tenants des études diversitaires et victimaires : nous répugnerions à regarder notre histoire en face.

Là encore, la critique ne tient pas un instant. Nous n'avons pas attendu les décoloniaux, postcoloniaux, indigénistes, féministes et autres pour nous y employer. Regarder l'histoire en face dans ses heures glorieuses et ses heures plus sombres est le sens même de la démarche historiographique et nul de nos grands historiens n'a manqué à son devoir. De surcroît, il n'est pas excessif de dire que la lucidité est notre fort, mais aussi, bien souvent, notre faiblesse tant nous autres, Français, on l'a dit, cultivons l'art de la flagellation et de contrition.

Mais en réalité, ce n'est pas de regarder notre histoire en face qui nous est demandé mais de la lire, et de la condamner, dans les termes mêmes des idéologies wokistes. Cela ressortait de manière particulièrement éclatante d'un entretien accordé à l'hebdomadaire *Télérama* par le plasticien Kader Attia, commissaire de la 12e Biennale de Berlin (12 juin 2022). L'artiste est la parfaite incarnation de ce wokisme de salon qui acclimate d'autant mieux les esprits aux thèses décoloniales et postcoloniales qu'il les assène tranquillement – ses

1. Cité par Alain Finkielkraut au chapitre « Y a-t-il une question noire en France » *in Qu'est-ce que la France ?*, Paris, Éditions Stock/Éditions Panama, 2007, p. 39.

propos exhalant (amplement aidé en cela par le journaliste qui l'interroge) un suave parfum d'évidence – et que l'homme ne cesse de protester de sa bonne volonté et de ses généreuses intentions, répétant qu'il « ne juge pas et qu'[il] n'en veu[t] à personne ». Et pourtant. Son discours a tout de l'ultimatum. Ainsi première sommation : « Tant qu'on n'admet pas que l'Occident et la modernité se sont constitués sur des crimes [...] : l'esclavagisme et le colonialisme », « on reste dans le déni, en maintenant le crime colonial et celui de l'esclavage dans un presque non-lieu ». Seconde sommation : répondre avec lui à la question « Qu'a-t-on hérité du colonialisme ? » : « le racisme systémique, qui englobe aussi bien celui de la boulangère du coin que les violences policières. » Et l'entretien de s'achever sur l'idée que le salut pour la France ne pourra venir que de « Nous, Français dotés d'un héritage non européen ».

La réconciliation avec son histoire est pour un pays une nécessité absolue. Mais encore faut-il s'entendre sur la fin poursuivie. Connaître les faits afin de continuer l'histoire sur les meilleures bases possibles ou bien afin de faire la démonstration que cette histoire est de part en part condamnée et que cette civilisation ne saurait avoir d'avenir. Or, il est plus qu'éclatant qu'actuellement les regards tournés vers le passé le sont dans le but exclusif de prouver que cette forme de vie a fait son temps. Le salut ne pourrait venir que de notre disposition à nous « réinventer ».

Quant à cette proposition, généreuse en apparence, de travailler à la réconciliation des mémoires, elle ne regarde jamais que dans une direction : il s'agirait de réconcilier la France et la République avec ses minorités, avec sa diversité, autrement dit de nous convertir au multiculturalisme et communautarisme anglo-saxons. Œuvrer à réconcilier lesdites minorités avec la France, leur donner à connaître et à aimer notre modèle, c'est-à-dire leur donner à aimer la possibilité de vivre d'autres vies que la sienne seule, serait en revanche un très beau et noble programme, et véritablement généreux celui-là.

III

Par gros temps wokiste

Pourquoi nous ne voulons pas entrer dans l'histoire, dans les œuvres d'art, dans la littérature par le prisme des minorités et de la diversité

Schopenhauer disait qu'« on doit se placer en face d'un tableau comme en face d'un prince, attendre qu'il veuille bien vous parler et vous dire ce qui lui plaira ; il ne faut dans aucun des deux cas prendre soi-même tout d'abord la parole, car on risquerait alors de n'entendre que sa propre voix ». Or, c'est très exactement ce qui se produit lorsqu'on entre au musée, lorsqu'on ouvre un roman, lorsqu'on écoute une sonate, l'œil, l'oreille et l'intelligence prévenus par le grand récit woke : nous n'entendons plus guère que notre propre voix, ou plutôt l'homélie victimaire, ce catéchisme très indigent mais très orthodoxe de l'idéologie diversitaire. C'en est fini de l'art et de la pensée comme exploration du phénomène humain et rien de ce que de ces œuvres ont de neuf, d'inattendu, d'unique à nous dévoiler ne peut plus nous atteindre. Cette hantise ne semble guère toutefois tourmenter nos dociles élites. Il s'en faut.

Que demandent nos « éveillés » à l'histoire, à la littérature, à l'art ? Non pas l'inquiétude au sens étymologique du terme, le non-repos, non pas le tremblement du sens et des sens. Ils exigent des écrivains et des artistes en général, des historiens aussi, qu'ils viennent ratifier leurs récits, homologuer leurs interprétations, bref qu'ils abondent dans leur sens. Érigés en tribunal, au moindre pas de côté, à la moindre incartade du penseur ou de l'artiste hors des chemins balisés, ils s'indignent, condamnent et finalement effacent, annulent, biffent l'auteur capable de pareilles témérités.

À quoi ressemblerait un monde, une société, entièrement réglée par les diktats des minorités et de la diversité ? C'est ce que j'ai tenté de peindre dans les pages qui suivent, avec en contrepoint et contrepoids l'esprit qui est le nôtre et qu'il nous faut reconquérir au plus vite.

On s'ennuie vite en la compagnie des décoloniaux, des postcoloniaux, des indigénistes, des féministes, des lgbtistes, et de leurs alliés et relais. Quel que soit l'objet dont ils se saisissent, *ne varietur* la même intrigue, les mêmes protagonistes, la même conclusion. L'homme blanc hétérosexuel animé de la passion exclusive et immuable de dominer, d'opprimer, de s'asservir tout ce qui n'est pas à son image – les femmes, les Noirs, les musulmans, les homosexuels, les « trans », bref, les « minorités » et la « diversité » auxquels sont venus s'adjoindre depuis peu les animaux et la nature.

Un bourreau et ses innombrables victimes, un prédateur et ses multiples proies, et voici l'histoire écrite. Un fil tiré et le récit qui se dévide sans tours ni détours. Une prémisse, élevée à un degré de généralité tel et développée selon une logique à ce point implacable que fatalement, la conclusion s'impose, péremptoire : domination, prédation, appropriation. Dans les années 2000, une espèce nouvelle de chercheurs et/ou d'universitaires est apparue : le spécialiste des « minorités », spécialiste, autrement dit, du malheur d'être noir, homosexuel, musulman, femme, etc., en Occident et singulièrement en France. Car qu'est-ce qu'une minorité ? Le mot ne s'entend pas en un sens purement quantitatif mais d'abord qualitatif, il renferme en lui-même une histoire : « Une minorité, explique en effet Pap Ndiaye dans *La Condition noire*, est un groupe de personnes qui font l'objet de traitements discriminatoires, en raison de leur sexe, ou de leur origine réelle ou supposée, ou de leur phénotype (couleur de peau ou autre trait physique). » Et c'est d'ailleurs au nom de ce champ de recherche qu'il fait sien que l'historien, désormais ministre, se définit lui-même comme postcolonial. Si par ce mot on entend « tout travail portant sur les minorités et critiquant le modèle républicain français classique » alors, accorde-t-il, « l'étiquette postcoloniale ne m'embarrasse aucunement ».

La mouvance woke, ses activistes, ses universitaires et leurs compagnons de route regardent la vie humaine comme un mélodrame. Patriarcat, sexisme, racisme systémique, suprématisme blanc sont nos nouveaux poumons de Molière, des clefs censées ouvrir toutes les serrures. « Nous sortons d'un combat politique pour entrer dans une guerre contre le Prince des ténèbres lui-même », résumait parfaitement Vincent Descombes dans *Le Raisonnement de l'ours*[1].

Que le schéma de la « domination », avec son cortège de simplisme, ait sa place dans le discours militant, pourquoi pas : « Il va vite, cela plaît dans

1. Vincent Descombes, « Rorty contre la gauche culturelle » *in Le raisonnement de l'ours et autres essais de philosophie pratique,* Paris, Éditions du Seuil, 2007, p. 265.

la mêlée » ainsi que le disait Victor Hugo des mots dont tout militantisme se saisit et sous la bannière desquels il mène son combat. Que ce schéma assiège en revanche la vie de la Cité et la vie de l'esprit, la vie politique, intellectuelle et culturelle, là est l'intolérable et le péril.

J'aimerais que, face à ces offensives répétées et à cette asphyxie généralisée, nous fassions montre d'une détermination analogue à celle de Coleman Silk, l'éminent professeur de Lettres de Philip Roth dans son roman *La Tache*.

À la suite de la plainte d'une de ses étudiantes, Elena Mitnick, l'accusant d'avoir inscrit à son cours deux pièces d'Euripide, *Alceste* et *Hippolyte*, qu'elle juge « dégradantes pour les femmes », l'éminent universitaire se voit convoqué par la responsable de son département, Delphine Roux, une Française pétrie de *French theory* et pleinement acquise à la récrimination de l'étudiante. Pressé non de « rayer Euripide de [son] programme mais de le lire « dans l'optique féministe d'Elena », Silk oppose une vaillante et sarcastique fin de non-recevoir – « Ni dans l'optique juive de Moïse. Pas même dans l'optique nietzschéenne de l'optique symptomatique, qui est si à la mode » – avant de préciser les raisons de son opiniâtre refus :

> À de très rares exceptions près, nos étudiants sont d'une ignorance qui donne une idée de l'infini. [...] Leur vie est un désert intellectuel [...] et ce qu'ils savent le moins faire, quand je les vois pour la première fois [...] c'est lire le théâtre classique [...]. Je peux vous dire qu'ils ont besoin comme de la fièvre d'une optique féministe sur Euripide. Offrir à ces lecteurs naïfs une [telle] optique [...] est l'un des moyens les plus sûrs de leur fermer l'esprit

avant même que la réflexion ait eu la moindre chance de venir à bout d'une seule de leurs assimilations imbéciles. [...] Lire deux pièces comme *Hippolyte* et *Alceste*, écouter des débats en classe sur chacune d'elle pendant une semaine, et ne rien trouver d'autre à dire qu'elles « dégradent l'image de la femme », moi je n'appelle pas ça une optique, bon Dieu, moi j'appelle ça se gargariser de mots, avec le dernier gargarisme à la mode.

L'homme a perdu le monde pour le moi

Il faut savoir se perdre de vue pour longtemps si l'on veut apprendre quelque chose des réalités que nous ne sommes pas nous-mêmes.

Nietzsche

Leur appellation le proclame : les études « noires », les études genrées, les études décoloniales et postcoloniales sont un prisme et un prisme identitaire. Une lorgnette et comme toute lorgnette, elles tendent à être grossissantes et à courte vue, à très courte vue.

À la passion de connaître, de comprendre, de se dépayser dans un sens autre, d'élargir son être et son esprit à des vérités inconnues et insoupçonnées, s'est substitué l'obsession de soi, de son identité propre (de race, de sexe, de sexualité, de religion) et les études diversitaires qui encapsulent l'individu dans son moi, assèchent cette formidable moisson de vérités humaines que recèlent les œuvres d'art et de pensée et qu'ont su y puiser les hommes d'où qu'ils soient et d'où qu'ils viennent depuis des siècles.

Sous l'influence des études diversitaires et victimaires, la recherche, l'art, la littérature changent de sens. Et les belles vertus émancipatrices que l'on prête à l'école, à l'université, à la culture en général pâlissent voire s'étiolent au profit d'une incarcération dans la prison des identités, et du présent, on va le voir. Que les temples du savoir et de l'art s'en fassent les complices est éminemment coupable. Le témoignage du dessinateur Abdelkader Benchamma, étudiant aux Beaux-Arts de Montpellier puis de Paris, est à cet égard édifiant : « J'avais l'impression qu'on me permettait d'être artiste qu'à la condition de travailler sur mes origines. » L'homme optera pour l'abstraction[1].

Hannah Arendt disait de l'homme moderne qu'il avait perdu le monde pour le moi, mais ce n'est véritablement qu'aujourd'hui, par gros temps diversitaire et victimaire, que cette funeste perte s'accomplit.

La captation narcissique de notre être et de nos vies nous a fourvoyés ; l'exploration du monde a cédé la place à l'expression du moi, la tension vers la vérité à l'être soi-même ; le « connais-toi toi-même » delphique qui prescrivait à Socrate de s'enquérir de l'humanité en lui-même, des grandeurs et des servitudes de l'humaine nature s'est dégradé en une morne postulation de soi, un tissu de banalités. Comme s'il ne restait rien de cette surprise que chacun est pour soi-même et que l'on ne découvre, ne dévoile que dans l'expérience et à l'épreuve du réel.

De cette captation narcissique du moi, l'exigence, élevée au rang d'impératif catégorique, de « se retrouver » dans les œuvres, dans les programmes scolaires, dans la

1. *M, le Magazine du Monde*, 24 août 2019.

représentation nationale est le témoin le plus éclatant et le plus accablant : assurément la métaphore de l'œuvre comme miroir qui nous est tendu est d'une grande force – nous ne lisons pas Homère ou Stendhal, nous ne méditons pas Poussin ou Delacroix et nous n'écoutons pas Monteverdi ou Schubert pour nous *divertir* au sens pascalien du terme, pour nous détourner de l'humaine condition – mais ce que nous y cherchons et contemplons, ce n'est pas le reflet de notre moi dans ce qu'il a de convenu et d'attendu, mais bien le reflet, le dévoilement de cette humaine condition dont nous sommes parties prenantes, et ce, dans ses possibilités infinies.

Que peut l'homme de grand, de noble, de vil, de funeste ? Que peut cette chétive créature ? Telle est la question et la source de la création comme de notre besoin des œuvres de pensée. Dans l'un de ses *Trois discours sur le poème dramatique*, Corneille a écrit quelques lignes tout à fait remarquables et pour ainsi dire définitives sur cette question. Une critique va se diffusant que Corneille n'entend pas laisser sans réponse : « la tragédie ne peut nous faire craindre que les maux que nous voyons arriver à nos semblables » or « n'en faisant arriver qu'à des Rois, et à des Princes, cette crainte ne peut faire d'effet que sur des gens de leur condition ». C'est « entendre trop littéralement ce mot *nos semblables* », réplique Corneille. Sans doute « les Auditeurs n'ont[-ils] pas point de sceptres par où leur ressembler » mais « ces rois sont hommes comme les Auditeurs, et tombent dans ces malheurs par l'emportement des passions dont les Auditeurs sont capables ».

Cet être magnifique et terrible à la fois qu'est l'homme n'a cessé, depuis Sophocle, depuis Aristophane, depuis Socrate, depuis Hérodote, d'être sondé, exploré, scruté.

Et nous n'en aurons jamais fini avec cet être « vain, divers et ondoyant » pour lequel les mailles du filet sont toujours trop grandes, trop lâches. Mystère, énigme que personne ne pourra prétendre déchiffrer. Et c'est bien pourquoi, toujours, sur le métier l'ouvrage est remis depuis plus de trois millénaires qu'il y a des hommes et qui pensent, comme dirait La Bruyère. De manière significative, la figure du penseur, chez Hannah Arendt, celle du romancier chez Milan Kundera se trouvent apparentées à Pénélope. Et c'est bien aussi pourquoi nous avons un besoin impérieux des œuvres de pensée : notre soif de comprendre ne sera jamais étanchée et lorsque l'on ouvre un roman de Conrad, c'est, à l'image d'Italo Calvino, en tendant fiévreusement l'oreille aux « choses nouvelles sur les hommes » qu'il recèle et en sachant – c'est le propre des classiques –, que la promesse sera tenue.

Sauf que, à l'heure des « minorités », lorsqu'un éditeur se penche sur un roman de Conrad, en l'occurrence *Le Nègre du Narcisse*, il n'est plus qu'une question qui l'agite : les « micro-agressions » que l'usage du mot « nègre » est susceptible d'infliger au lecteur noir de peau !

Le lien avec la France ? vous demandez-vous. Il n'est pas excessif de dire que la France compte parmi les pays les moins portés aux vertiges et aux affres de la subjectivité. Témoins nos arts, notre peinture, notre sculpture, notre musique, qui sont une grande protestation d'*amor mundi*. Quand les Espagnols se font volontiers mystiques, les Italiens, lyriques et baroques, les Allemands romantiques et introspectifs, et bientôt expressionnistes, nous ouvrons les yeux, nous tendons l'oreille, nous voyons le monde, nous l'écoutons et le donnons à voir et à entendre. Les extases de la Sainte-Thérèse du Bernin, les débordements sentimentaux et la fureur sanguine de l'opéra italien nous sont étrangers. Quand les peintres (que l'on songe à Caspar David Friedrich) et les musiciens allemands (Schubert ou Wagner) offrent de vastes fresques aux accents métaphysiques, plongeant dans les abîmes du monde et sondant les profondeurs du moi, les artistes français – Monet, Renoir, Manet, Debussy, Ravel, mais songeons à Fouquet, attentifs aux travaux et aux jours des hommes, à la nature – ouvrent les yeux, tendent l'oreille et observent, guettent, sondent le monde. Giono et Colette ne peuvent être que français. « L'artiste n'a qu'à en croire ses yeux », professe superbement Rodin. Et tous feraient volontiers leur la belle définition, déjà citée, que le sculpteur donnait de lui-même, « guetteur de vie et chasseur de vérité ». Guetteur de vie ? N'est-ce pas d'ailleurs la plus belle et parfaite définition de l'artiste à la française. Prêtons l'oreille à Debussy : « N'écoutez les conseils de personne, fait-il dire à son Monsieur Croche, sinon du vent qui passe et nous raconte l'histoire du monde » ou encore : « On cherche ses idées en soi alors qu'on devrait les chercher autour de soi […] On n'écoute pas […] les mille bruits de la nature, on ne guette pas assez cette musique si variée qu'elle nous offre avec tant d'abondance. » Et telle est la promesse que forme, et tiendra, le compositeur de *La Mer* : porter à l'expression les bruits du monde, nous les donner à entendre et nous apprendre à y être attentifs.

La France, autrement dit, est ce pays qui proclame que notre royaume est de ce monde. Taillés dans une étoffe sensible, nous sommes au monde et *du* monde, c'est-à-dire apparentés et accordés au monde sensible.

Et il n'est pas fortuit que ce soit un philosophe français, Merleau-Ponty, qui ait donné à la condition humaine comme condition incarnée sa philosophie. Alors ne nous laissons pas encapsuler, enkyster en nous-mêmes.

Vers l'humaine condition compliquée avec des idées simples

Les études noires, genrées, féministes et autres prismes identitaires sont une « optique », comme dit Philip Roth, identitaire et victimaire, elles sont un récit et un grand récit, un système global d'explication. Elles répondent trait pour trait à la définition qu'Hannah Arendt donnait de l'idéologie : « Une idéologie, écrivait la philosophe, diffère d'une simple opinion en cela qu'elle affirme détenir soit la clef de l'histoire, soit la solution à toutes les énigmes de l'univers, soit encore la connaissance profonde des lois universelles cachées censées gouverner la nature et l'homme. »

Les « éveillés » professionnels, les autoproclamés woke ne voient pas ce qu'ils voient. Munis d'un bréviaire idéologique qui leur tient lieu de lunettes interprétatives, ils vont les yeux fermés et les paupières closes, disant « Nous savons », pour paraphraser Rimbaud. Excès d'honneur sans doute que de les gratifier d'une telle filiation, mais je les qualifierais volontiers de platoniciens : les apparences sont trompeuses, proclament-ils, les sens vous abusent, l'être est dans les arrière-mondes. Vous croyez que le patriarcat, l'esclavage, le colonialisme appartiennent au passé, détrompez-vous, ils demeurent et vous en êtes encore les acteurs. De là notre tâche : traquer l'« impensé » colonial, esclavagiste, patriarcal lové au cœur de vos représentations, vos institutions, vos croyances et dont vous restez tributaires. L'Occident serait ce qu'il est (une grande entreprise de domination et une vaste fabrique de victimes) et l'histoire continuerait, plus insidieuse encore car elle avancerait masquée. Et c'est avec le plus grand sérieux que nos élites s'approprient cette intrigue digne de la Bibliothèque rose. Comme réfréner un sourire en entendant l'universitaire François Cusset en juin 2022 dans l'émission d'Alain Finkielkraut *Répliques* sur France Culture, expliquer qu'il est malvenu de reprocher aux minorités leurs outrances, leurs excès quand « la violence est en face » et le grand spécialiste des États-Unis de claironner, bravache : « On ne va tout de même pas demander gentiment et poliment aux oppresseurs structurels depuis des millénaires de ces minorités de bien vouloir arrêter de les discriminer. » Avant de conclure : « Nous sommes en guerre. »

Laisser cesdites études franchir le seuil de notre vie intellectuelle, artistique et politique, c'est en effet accepter de se soumettre à une intrigue, et des plus sommaires : le Noir n'est pas seulement un Noir, la femme n'est pas seulement une femme, le colonisé n'est pas seulement un colonisé, ils sont chacun et tous des minorités *donc* des victimes. « La condition noire n'est pas un essentialisme qui affirme une identité noire, se défendent les tenants des *black studies*. C'est le constat qu'une condition est faite aux personnes "de couleur" qui sont alors "minorisées"[1]. » Cette allégation est tout simplement fausse : l'équation « condition de minorité/

1. Propos de Souleymane Bachir Diagne, cités par *Le Monde* dans « Pap Ndiaye. le ministre qui veut réconcilier la nation », 24 juin 2022.

condition de minorisé » ne relève pas d'un constat, mais constitue un postulat, une prémisse qui, à l'instar de toute prémisse, ne se discute pas et c'est dans cette intrigue minimale que le réel singulier et compliqué se doit d'entrer de gré ou de force et quoi qu'il en coûte de nuances, de surprises, de clair-obscur. C'est alors que la camisole de force de la logique se referme. La pièce est par avance écrite et il ne reste plus à chacun que de tenir le rôle qui lui est dévolu dans l'éternelle comédie de la domination et de l'asservissement.

« Nous sommes intéressés à un monde dont nous n'avons pas la clef », écrivait Merleau-Ponty, et dont nul n'a la clef car l'humaine condition n'est ni un problème technique ni une équation mathématique qui appellent leur solution.

Mais précisément, les « déconstructeurs » en chef sont venus, Michel Foucault ou Jacques Derrida pour ne citer que deux figures éminentes de la *French theory*, répandant ce qui fut accueilli sur les campus américains comme une très bonne nouvelle : la « découverte » de la clef censée ouvrir toutes les serrures. Notons au passage, l'influence qu'exercèrent ces philosophes sur Edward Saïd, auteur de *L'Orientalisme*, ouvrage qui marque une étape décisive dans l'entreprise de déconstruction du regard, et de l'intérêt, occidental sur les civilisations non européennes.

Cette richesse humaine inépuisable et inépuisée, ces liens qui se nouent et se dénouent, ces différends, cet imprévisible, ce « miracle de l'être » comme dit Hannah Arendt, se sont vus subsumés sous une seule catégorie : rapport de force, domination. Dans *Fausse route*, Élisabeth Badinter se demandait si finalement la notion de « domination », en l'occurrence de « domination masculine » n'était pas « un concept obstacle ».

La démonstration n'est plus à faire. On n'y voit plus rien, plus aucun détail, plus aucune nuance, ne reste que le stérile antagonisme de la victime et de son bourreau.

Les études diversitaires et victimaires tiennent donc un discours, et un discours qui précède toute rencontre avec le réel et avec les œuvres. Elles sont des thèses, non des hypothèses. Des réponses, non des questions. Formidable écran venant s'interposer entre le lecteur et le livre, le tableau et le spectateur, la symphonie et l'auditeur.

Ce que l'on perd en chaussant les lunettes racialistes, féministes, indigénistes, en « désoccidentalisant notre regard » selon l'injonction des uns et la soumission des autres ? Ce qui rend l'art, la littérature et l'histoire diablement nécessaire à nos vies, tout ce qui en fait aussi la saveur : le particulier, l'unique, la complexité, les contrariétés, selon le mot d'Albert Thibaudet, l'épaisseur temporelle. Les études identitaires et victimaires, loin de nous rapatrier dans le monde réel, avec ses grandeurs et ses misères, sont en effet de prodigieuses machines à broyer le réel sous la meule de l'idéologie.

Le tout ou rien de la vie selon le féminisme, le décolonialisme et autres doctrines identitaires et victimaires cloue au pilori *Le Verrou* de Fragonard – ce chef-d'œuvre d'érotisme et de volupté qui dit l'impatience, la fougue, le trouble du désir, les égarements de la chair, du cœur et de l'esprit n'est plus interprété que comme une scène de viol, le consentement de la jeune femme restant plus qu'incertain et les féministes, quand elles ne demandent pas sa relégation dans les réserves des musées réclament pour le moins des cartels dits explicatifs ; voue aux gémonies Colbert, dont on ne veut rien savoir sinon qu'il fut le commanditaire du

« Code noir », et d'un « Code noir » dont on se garde bien de chercher à pénétrer le sens ; autre abcès de fixation de l'intersectionnalité des luttes, le « colon pédophile » Gauguin, et là non plus aucune place ne saurait être faite à des vérités telles que celle énoncée par l'historienne d'art Anne Pingeot évoquant, dans un texte consacré au peintre, le travail de sauvetage des mythes et légendes du peuple maori auquel l'exilé contribua : « La civilisation occidentale qui détruit est aussi celle qui recueille, sauvegarde et recrée. »

Le refus des adeptes du wokisme, ces autoproclamés éveillés, de compter avec l'essentielle ambivalence de l'histoire est viscéral. Interrogé sur le fait d'écrire en français, sur ce que son interlocuteur qualifiait de paradoxe, le fait que pour lui l'« écrivain du Maghreb », « la langue de la liberté soit la langue du colonisateur », le romancier Kamel Daoud eut cette réplique étincelante : « Ce n'est pas un paradoxe, ça s'appelle l'histoire ! » Mais précisément, c'est bien avec l'histoire, avec son invincible complexité, que nos spécialistes des minorités sont fâchés.

C'est le réel dans son étoffe même qui est perdu avec le sacre des études diversitaires, sa complexité, mais sa particularité, son unicité. « Quand on généralise la souffrance, on a le communisme, quand on particularise la souffrance, on a la littérature », dit un personnage de Philip Roth dans *J'ai épousé un communiste*. Et le communisme d'aujourd'hui, est-il besoin de le préciser, ce sont chacune des branches du wokisme : le féminisme, le décolonialisme, le postcolonialisme, le genre.

L'antidote est assurément la littérature, mais non moins l'histoire, non moins l'art, qui, eux aussi, n'ont d'autre passion que le particulier. On pourrait même y ajouter la philosophie à la française dont l'esprit de système n'est guère le fort et qui demande toujours à l'esprit de finesse de venir corriger ce que le raisonnement a de par trop géométrique, ainsi que l'a magnifiquement établi Bergson dans un texte paru dans *La Revue de Paris*, en 1915[1]. Aussi hétéroclites que puissent sembler ces figures ici réunies, elles ont en partage de ne se connaître d'autre maître que le réel, d'autres guides que l'humaine condition compliquée et les hommes dans leur inépuisable et équivoque pluralité d'êtres uniques. La belle définition que Rodin donnait de lui-même, « guetteur de vie et chasseur de vérité » vaut pour tout penseur. Et pour chacun de nous qui avons besoin de leurs œuvres.

Le manifeste de l'art pour l'art nous a égarés. Si Théophile Gautier ou Gustave Flaubert délient l'art et l'artiste de toute finalité morale, religieuse, politique, sociale ou sociétale, dirait-on aujourd'hui, ce n'est pas pour faire de l'art un simple jeu autoréférencé. « Le Beau indéfinissable [...] est la splendeur du Vrai, comme disait Platon », professe Flaubert qui se regarde comme un obligé du réel. Et l'on ne se privera pas du plaisir de rappeler ce que l'auteur de *L'Éducation sentimentale* écrivait à la mélancolique et toujours tourmentée Mlle Leroyer de Chantepie : « Ne lisez pas comme les enfants lisent, pour vous amuser, ni comme les ambitieux lisent, pour vous instruire. Non. Lisez *pour vivre* » – et c'est Flaubert qui souligne –, c'est-à-dire afin d'être pleinement présente au monde, plutôt en l'occurrence que de vous enfoncer dans les ténèbres de votre cœur.

1. Henri Bergson, *La Philosophie française*, Éditions La Part Commune, 2017.

Les idéologies fabriquent du général assurément – et c'est pourquoi elles n'ont que faire dans le domaine de la pensée, non plus de la politique – mais telle est, somme toute, notre condition première : pris par l'affairement et la turbulence de la vie, nous vivons dans le général et c'est la très profonde vérité de l'allégorie de la caverne que de nous peindre initialement, avant de nous aventurer hors de la caverne, ligotés et entourés de présences spectrales. « L'individualité des choses et des êtres nous échappe » et c'est pourquoi nous avons besoin de l'art, confirme Bergson.

Notre propension première est de nous délivrer du réel en lui accolant des étiquettes – « Nous ne voyons pas les choses mêmes ; nous nous bornons le plus souvent, à lire des étiquettes collées sur elles », décrit encore le philosophe –, de le neutraliser dans son étrangeté, de son caractère inédit et inconnu en le reconduisant au connu – « dans quel tiroir prêt à s'ouvrir le ferons-nous entrer ? De quel vêtement déjà coupé allons-nous l'habiller », voilà en quoi consiste le travail ordinaire de l'esprit. Car *il faut vivre*, comme l'écrit Bergson, et la vie n'a d'attention que pour ce qui lui est utile. Si ce rapport utilitaire et escamoté à ce qui est se justifie au quotidien, il devient coupable lorsqu'elle contamine la vie de l'esprit et c'est bien ce qui se produit avec l'adoubement institutionnel des études diversitaires.

Interrogée sur les appels enfiévrés aux déboulonnages de statues de nos grands hommes, Mona Ozouf répondit : « Il faut mettre de la complication dans nos existences. » Deux points sont importants ici : le « il faut », il le faut en effet si nous voulons vivre et agir dans le monde réel. Le prurit justicier, « les pensées du prétoire », ainsi que l'écrit encore l'historienne, sont sans doute très « utiles pour dramatiser les controverses, mais nous renseigne peu sur la vie réelle ». On retiendra ensuite le verbe « mettre », *mettre de la complication*, qui vient rappeler que ce n'est pas là un mouvement naturel et c'est bien pourquoi nous avons besoin de la littérature, de l'art, de l'histoire.

Nous avons donc un besoin infini des grandes œuvres pour briser le sortilège du général, rendre chaque vie à sa destinée particulière, nous soustraire à notre manichéisme spontané, primitif, pente particulièrement naturelle à la jeunesse.

Enfin, ce qui fait la puissance et aussi la légitimité de l'œuvre d'art est son pouvoir épiphanique : « Grâce à l'art, disait Soljenitsyne, il nous arrive d'avoir des révélations ». L'artiste, mais tout penseur digne de ce nom est cet être qui a reçu en partage le don de vision. Il voit ce que l'homme ordinaire ne voit pas, les forces qui travaillent souterrainement le présent, les plis et replis du cœur humain, il porte le flambeau dans des coins et l'élève à l'expression. J'aime à citer le défi, que dans la fougue de ses vingt-six ans, se lance à lui-même le jeune Delacroix : « Toi qui sais qu'il y a toujours du neuf, fais-leur croire qu'ils n'avaient jamais entendu parler du rossignol et du spectacle de la vaste mer. Ceux mêmes qui croient que tout a été dit et trouvé te salueront comme nouveau. » La métaphore de l'œuvre comme « phare » le dit : nous vivons dans la lumière des grandes œuvres, nous vivons de leurs mots, de leurs histoires, de leurs couleurs et de leurs formes, de leurs harmoniques.

Le divers décroît ou le désert croît

« Toute cette “diversité”, toutes ces “différences” ont finalement enseigné le conformisme » le plus profond et le plus assommant, soupirait Alan Bloom, témoin capital des effets délétères de l'infiltration de ce que, à l'époque, on appelait le politiquement correct dans les universités américaines.

De ce conformisme, de cet étouffement du divers et de cette extension du désert, le printemps 2022 connut une floraison particulièrement luxuriante. Pas moins de quatre expositions ayant opté les unes pour le prisme féminin (« Héroïnes romantiques » au musée consacré à ce courant esthétique ; « Femmes photographes de guerre » au musée de la Libération) et pour au moins deux d'entre elles, pour le prisme féministe, et le résultat est édifiant.

Des vies singulières, hautes en couleur et en épopées, de Catherine de Médicis (dont nous ignorerons quasiment tout sinon qu'elle « impactera [*sic*] son époque en assistant à cinq règnes »), de Diane de Poitiers, de Marguerite de Navarre et autres femmes de la Renaissance dont le château de Blois avait fait son objet, il ne devait rien rester : toutes ces femmes dans leur unicité ramenée au plus petit commun dénominateur : celui de « femmes-au-cœur-de-la-domination masculine », je cite le communiqué de presse. Et le texte de présentation de l'exposition de résumer : « Régente, maîtresse royale ou femme savante : de la dame d'honneur à la femme de lettres en passant par l'objet du désir, zoom [*sic*] sur la RENAISSANCE DES FEMMES » – « et la naissance du féminisme », lit-on quelques lignes plus bas. Renaissance au double sens du terme, période historique – mais en réalité de l'histoire, les commissaires de l'exposition n'ont cure – et renaissance, regain de « visibilité » mais *a minima*, la seule visibilité qui leur fut rendue fut celle de leur sexe et non celle de leur destinée singulière – Catherine de Médicis et Diane de Poitiers brisant, soit dit par parenthèses, le risible mythe féministe de la « sororité » ! Et puis, l'exposition comptant dans son comité scientifique Éliane Viennot, militante acharnée de l'abolition de la règle du « masculin l'emportant sur le féminin », les journalistes iront répétant docilement que c'est en ce temps de la Renaissance que ce témoin, pis, cet instrument de la domination masculine s'établit !

Il est bel et bon de s'affliger de ce que ces glorieuses dames du XVIe siècle soient tombées dans les trous de l'oubli mais est-ce vraiment une société structurellement patriarcale qui est à incriminer ? N'est-ce pas plutôt une pédagogie progressiste qui, congédiant des programmes scolaires les guerres de Religion notamment, sont cause de cette amnésie collective qui frappe tout aussi cruellement Henri II, Charles IX, Henri III que Catherine de Médicis, Diane de Poitiers ou Marguerite de Navarre ? Sauf que, y aura-t-il une voix qui s'élèvera réclamant justice pour ces malheureux « invisibilisés » qui n'ont pas, eux, le privilège d'être des femmes ? Ne nous trompons pas de combat... C'est l'histoire, l'histoire de la France qu'il faut réapprendre, et en aucune façon en séparant les femmes des hommes : ils ont fait l'histoire ensemble. Ce n'est pas la Grande Mademoiselle d'un côté, le Grand Condé de l'autre, c'est la Fronde qui doit être réinscrite au programme d'histoire et réveillera des ardeurs.

Je suis toujours impatientée par ces journalistes ânonnant le sempiternel et solennel refrain des Français qui vivraient dans l'ignorance de l'histoire de la colonisation ou de l'esclavage et qui jamais ne s'affligent de ce que ces mêmes Français méconnaissent tout de la guerre de Cent Ans, des guerres de Religion ou des rois qui ont fait la France.

Autre conséquence de la captation idéologique de la vie culturelle. Commencent de fleurir en France les expositions en non-mixité, non certes pour les visiteurs (jusqu'à quand ?!), mais pour les œuvres suspendues aux cimaises des musées. Ainsi l'exposition « Peintres femmes, 1780-1830. Naissance d'un combat » qui s'est tenue au musée du Luxembourg au printemps 2021 n'eurent le droit de citer aucune peinture ni aucune sculpture signées d'un homme. Quant à l'exposition « Pionnières. Artistes dans le Paris des Années folles », qui admet une ou deux exceptions, l'esprit demeure le même : il s'agit de femmes entre elles.

Des femmes séparées des hommes quand l'humaine condition les mêle et que la guerre des sexes n'eut en aucune façon lieu (les peintres femmes des années 1920-1930 n'ont jamais manqué de payer la dette qu'elles avaient contractée à l'endroit de leurs semblables masculins) : n'est-ce pas trahir celles-ci que de les arrimer à des combats qui ne furent pas les leurs ? Que demandèrent-elles sinon d'être admirées, louées, recherchées pour leurs œuvres et non pour leur sexe. Mais hélas, la peinture n'intéresse guère nos commissaires d'exposition.

Les deux manifestations du Luxembourg auraient d'ailleurs pu l'une comme l'autre s'intituler « Heureuse comme une femme peintre en France et singulièrement à Paris », mais dogme et idéologie obligent, la première portera pour sous-titre « Naissance d'un combat » – quand le seul combat (et d'ailleurs, de l'aveu même de Martine Lacas, commissaire de l'exposition, le mot de combat est excessif) vise à les réinscrire dans l'histoire de l'art. Mais là aussi, qui prendra le soin d'égrener les noms des peintres célèbres hier et aujourd'hui éclipsés de l'épopée artistique des siècles passés ? Quant à la seconde exposition, de toute évidence, les femmes peintres des Années folles ne présentent d'intérêt aux yeux des commissaires de l'exposition qu'en tant que pionnières non pas tant dans le domaine de la peinture que dans celui du... *gender fluid*, du *female gaze* et de la diversité.

Est-il exemple plus éloquent de ce que l'infiltration des études « genrées » et féministes confine à l'incarcération des esprits dans la prison du présent ?

La prison du présent

Incarcération dans le présent, en effet. Encore une liberté sacrifiée. La pédagogie progressiste n'est pas sans responsabilité à cet égard. Le propre de l'être humain est de ne pas se conjuguer au seul présent. Sa temporalité se diffracte en trois instances, le passé, le présent et le futur. Mais c'est seulement à la faveur des actes de transmission que nous acquérons cette épaisseur temporelle qui n'est pas donnée avec la vie. « Il n'y a, humainement parlant, rappelle Hannah Arendt, ni passé ni futur, mais seulement le devenir éternel du monde et en lui le cycle biologique des êtres vivants. » C'est la grande intuition de l'auteur de l'essai *La Crise de l'éducation* que de comprendre que pour former des êtres humains, et préserver la nouveauté, l'originalité dont chacun est porteur par naissance, l'instruction doit être résolument conservatrice, tournée vers le passé. Une éducation au seul présent adapte le nouveau venu au monde comme il est et comme il va, en fait un parfait habitant de la caverne, docile perroquet des échos dont elle bourdonne. Quelle tristesse que d'entendre notre jeunesse rompue à la novlangue féministe, racialiste, à la grisaille d'une langue de carton et de ses mots d'ordre. Conséquence désastreuse d'une école travaillée par la hantise d'être en retard sur le monde et avide d'être « ouverte sur la vie » et se faire la chambre d'échos de la société – conséquence aussi du renouvellement des générations et de l'entrée en scène de professeurs eux-mêmes incarcérés dans la prison du présent.

L'histoire nous dévoile des modalités de vie et de pensée qui nous sont devenues étrangères, des sensibilités aujourd'hui ensevelies, des manières d'aménager le séjour terrestre oubliées et peut-être plus douces, plus amicales aux hommes. L'étude des siècles passés nous rappelle qu'un autre monde est possible, qu'un monde autre que celui dans lequel nous sommes venus à vivre n'est pas chimérique. Et c'est à nous qu'il revient de faire l'effort de les rejoindre dans leur essentielle altérité précisément pour enrichir notre connaissance de ce qu'est l'homme, de ce qu'il peut.

Autre vertu du passé, la rencontre et l'expérience par procuration d'autres modalités d'existence que celles auxquelles nous sommes accoutumés nous portent à interroger en retour les nôtres, à inquiéter nos certitudes, nos évidences. Le passé est l'instance critique par excellence. Il est essentiel de préserver, à l'héritage des siècles, le piquant du fantôme, le mordant du revenant. L'histoire est ainsi émancipatrice en cela qu'elle nous libère de la plus insidieuse des prisons, celle dont les barreaux ne se ressentent pas, la prison du présent. Inverser l'ordre des préséances, lire et juger le monde d'hier à la lumière du présent, c'est se priver de ce formidable levier grâce auquel nous pouvons soulever les certitudes dans lesquelles nous sommes englués.

Combien de significations nous deviennent inaccessibles dès lors qu'on approche le réel avec les lunettes wokistes ? Un exemple en apparence anecdotique, mais qui montre la grisaille intellectuelle à laquelle confine l'adhésion à ces idéologies : le baiser donné par le Prince à la Belle au bois dormant dans le dessin animé de Walt Disney. Celui-ci déclenche régulièrement l'ire des *éveillés* de la cause des femmes pour non-consentement de la concernée. Or, ce baiser qui ramène à la vie la Belle plongée dans le sommeil depuis cent ans, n'est-il pas la magnifique métaphore du pouvoir de résurrection de l'amour ? Et si ce baiser ne figure pas chez Perrault, si telle n'est pas la lettre du conte, tel en est en revanche l'esprit.

De cette captivité de nos pensées induite par l'autorité de la parole wokiste, je mentionnerai un autre exemple, des plus frappants et consternants : il semble désormais aller de soi que l'usage du masque s'épuise dans la pratique du *blackface*. Port du masque à l'opéra ? *Blackface*, *yellowface*, nous dit le rapport sur la diversité dans cette institution. Or, le *blackface* correspond à une pratique fort circonscrite et dans l'espace et dans le temps – l'Amérique ségrégationniste. L'histoire des masques outrepasse très largement ces frontières spatio-temporelles. L'Occident a une magnifique tradition en ce domaine, initiée par le théâtre grec.

Le péché d'anachronisme

Parmi les arguments les plus volontiers invoqués contre les arrêts des tenants du wokisme, notamment parmi les historiens, revient celui de l'anachronisme : le fait de projeter et de juger le passé à l'aune des certitudes du présent le rend inintelligible. Assurément, et il n'est de péché plus sacrilège à l'endroit du passé. Le véritable historien, celui envers lequel nous sommes réellement en dette, est celui qui nous permet d'aborder à d'autres rives temporelles que la nôtre et d'entrer dans d'autres vies. Exemplaire à cet égard, l'ouverture de *La Bataille de Bouvines* de Georges Duby, d'une épure parfaite qui rend son épaisseur et sa vérité humaine à une expérience qui ne nous est guère plus familière, mais qui le redevient par la grâce du récit et de l'écriture : « L'année 1214, le 27 juillet tombait un dimanche. Le dimanche est le jour du Seigneur. On le lui doit tout entier. J'ai connu des paysans qui tremblaient encore un peu lorsque le mauvais temps les forçait à moissonner un dimanche : ils sentaient sur eux la colère du ciel. »

On se souvient de Lucien Febvre raillant, dans *Amour sacré, amour profane*, ceux qui se plaisent à vanter « la modernité du XVIe siècle » : n'ayant « qu'eux à mettre dans ce siècle bouillant ; rien d'étonnant à ce qu'ils n'y retrouvent qu'eux ». Rien de ce qui est humain ne nous est étranger certes, mais nous ne sommes pas de plain-pied dans le passé.

Une réserve toutefois concernant l'usage de cette notion d'anachronisme. Parler d'anachronisme laisse entendre que les critiques émises contre le passé auraient quelque pertinence si elles étaient formulées aujourd'hui.

Or, le simplisme et le moralisme inhérents au wokisme ne peuvent prétendre à quelque autorité dans la vie de l'esprit. « Si Pierre Loti écrivait aujourd'hui, on lui ferait une polémique légitime », répliquait le président Macron aux associations militantes qui le sommaient de « retirer la maison de l'écrivain de la liste des bénéficiaires [du loto du patrimoine] et de débaptiser les établissements scolaires qui portaient le nom de cet auteur de discours de haine ». Eh bien, non ! Pas plus aujourd'hui qu'hier. Un homme politique se juge aux décisions qu'il prend pour son pays et aux actions qu'il mène au nom de celui-ci, un romancier, un poète, un peintre, un sculpteur, un cinéaste à ses œuvres. Leurs errances, leurs égarements privés ne sauraient nous rendre sourds et aveugles à leurs contributions à l'histoire, non plus nous priver de la lumière de leurs œuvres. Mais notre époque est fort habile, je l'ai dit, elle dissimule sa paresse et son exécration de la grandeur sous l'indignation vertueuse et la cause des dits offensés.

Is it time to cancel Gauguin ?

Voir ce que nul n'a vu et le porter à l'expression, là est la seule morale de l'art, dit Milan Kundera. La seule morale, en effet. Arrêtons-nous un instant sur ce point afin de préciser les raisons pour lesquelles nous devons refuser de nous soumettre aux arrêts du wokisme et de son bras armé, la « cancel culture » : on ne juge pas d'une œuvre à l'aune de la vie de son auteur, mais bien du rideau qu'elle déchire, des vérités qu'elle découvre, des réalités qu'elle fait chatoyer. « *Is it time Gauguin got canceled?* » demandait le *New York Times* en 2019.

Séparer l'homme de l'œuvre, ainsi qu'on le répète souvent pour s'opposer aux protestations et aux appels à bannissement. Assurément. Mais le fond de l'affaire n'est pas là, me semble-t-il, et renvoie à ce qui a été dit jusqu'ici, à une certaine idée des œuvres de pensée et du rôle qu'elles jouent, qu'elles peuvent jouer dans nos vies est en jeu ici. Il n'est bien, comme le martèle Kundera, qu'une pierre de touche pour juger d'une œuvre : dire ce que nul n'a dit, donner à voir, à comprendre ce que nul n'avait vu ni compris, produire des « éclairs de vérité », l'expression, et la visée, sont de Conrad. « Écrire avec les mots de tout le monde comme personne », disait magnifiquement Colette, et partant, former, approfondir, enrichir le vocabulaire de la sensibilité – et ô combien avec Colette – et de notre intelligent. La fécondité d'une œuvre seule importe et doit seule importer. Il n'est pas d'autre juge, pas d'autre tribunal.

Ce qui doit nous rendre indifférents aux turpitudes de la vie des écrivains, artistes, poètes, cinéastes, c'est en somme un motif tout égoïste : notre moisson propre, notre enrichissement personnel. « Je prends mon bien partout où il se trouve. » De ce mot prêté à Molière, pour ma part, je fais volontiers ma devise. Mettre à l'index Gauguin, c'est d'abord se priver soi-même d'œuvres qui ont transformé notre regard et ont donné un tour inédit à l'histoire de l'art. Et puis, et à cet égard, il faut lire le très beau texte qu'Hannah Arendt a consacré à Bertolt Brecht. Lorsque le moi politique, le moi privé, le moi social prend le pas sur le moi de l'auteur, celui-ci est châtié du seul châtiment qui en soit véritablement un pour un artiste ou un penseur : nous ne vivons plus de son œuvre. On ne reproche pas à un poète en tant que poète d'être un mauvais mari, un mauvais amant, un mauvais père de famille, peu importe ses failles ou ses vices, ce qui importe est la lumière qu'il projette sur le réel, et y compris sur ces failles, sur ces vices dont il est lui-même le siège, pourvu qu'il soit capable de les mettre en forme, de les peindre – que cela nous plaise ou nous déplaise, telle est l'humaine condition. *Ecce homo*. Sa tâche n'est pas de les exalter, non plus de les condamner, mais de les dire.

Clientélisme et sentimentalisme kitsch

« Dans les monarchies extrêmement absolues, écrivait Montesquieu, les historiens trahissent la vérité, parce qu'ils n'ont pas la liberté de la dire ; dans les États extrêmement libres, ils trahissent la vérité à cause de leur liberté même, qui produisant toujours des divisions, chacun devient aussi esclave des préjugés de sa faction, qu'il le serait d'un despote. » *L'historien esclave des préjugés de sa faction*... Est-il description plus rigoureuse de ce qui arrive à l'histoire à l'heure diversitaire et victimaire ? Considérons les choses de près.

Les études diversitaires et victimaires sont un combat, et elles s'affirment comme telles, se plaçant explicitement sous l'autorité de ceux qu'elles gratifient avant tout examen du titre de « victimes », avec tout le prestige qui s'attache à cette qualification.

Faux procès ? Interrogé sur la promotion des *black studies* en France, dont il est un des ardents instigateurs, Pap Ndiaye observait : « Elles secouent un peu le monde français. Les historiens ne peuvent plus distiller le savoir du haut de leur Olympe. Ils doivent répondre aux interpellations de ceux qui luttent pour la reconnaissance des torts faits à leurs ancêtres. » Et le journaliste de décrire la méthode préconisée par l'historien : « Écouter, engager le débat, comprendre les arguments et les plaies que ces arguments cachent. Et Ndiaye de conclure : « C'est à la fois plus difficile et plus intéressant[1]. »

Non, ce n'est en aucune façon plus difficile, non plus plus intéressant, mais surtout ce n'est plus de l'histoire, c'est de la thérapeutique.

Ledit historien accepte, de son propre aveu, de se placer sous l'autorité d'une clientèle véhémente et vindicative qu'il regarde par avance, et sur le seul critère de la couleur de peau, comme une « victime » en l'occurrence de la France, acceptant ainsi de se fondre dans sa logique. Nos sociétés auraient en somme contracté une telle dette à leur endroit qu'il ne nous resterait qu'un devoir, celui de tendre l'oreille.

C'est ainsi se disposer à toutes les compromissions, toutes les simplifications, voire toutes les falsifications. La condescendance, le paternalisme triomphent. Une lecture partielle et partiale des faits se trouve assumée et justifiée. Toutes les vérités ne sont pas bonnes à dire à ces âmes réputées vulnérables. On se souvient de Christiane Taubira déclarant qu'il convenait de passer sous silence la traite négrière musulmane afin que « les jeunes Arabes ne portent pas sur leur dos tout le poids de l'héritage des méfaits des Arabes[2] ». Si l'esclave est noir africain et l'esclavagiste blanc européen, alors

1. « L'histoire coloniale se construit peu à peu », *La Croix*, 3 février 2020.

2. *L'Express*, 4 mai 2006.

il s'agira bien d'un crime contre l'humanité. Dans les autres cas, il n'y aura ni crime ni enseignement scolaire. De la même manière, on prendra bien soin de taire que le colonialisme ait comporté des éléments féconds.

« Le dogme n'aime guère à être tamisé », disait Hugo, la lutte non plus. La vie selon le militantisme a peu d'inclination pour le crépuscule, il ne veut que midi ou minuit.

La rupture déontologique qu'imprime à l'historiographie le tournant diversitaire ressort avec éclat de quelques lignes écrites par le spécialiste de la République Maurice Agulhon, dans *Marianne au pouvoir* : « À la question "Qu'est-ce que Marianne ?", observe-t-il, l'historien ne peut guère répondre que : "c'est selon le contexte et selon l'interlocuteur" ». Réponse décevante ? À n'en pas douter et Agulhon le sait, mais c'est ainsi : « L'historien, rappelle-t-il, n'est pas là pour éviter les déceptions à ses lecteurs avides de vérités simples. Il n'est pas là pour simplifier ce qui est complexe ! Il est là pour tenter de faire comprendre la complexité. » La bienveillance n'a pas sa place dans les sciences.

Que veut dire Pap Ndiaye lorsqu'il fait grief aux historiens de s'être contentés de *distiller leur savoir du haut de leur Olympe* ? Reproche-t-il à Lucien Fevbre, Marc Bloch, Fernand Braudel, Georges Duby, Jacques le Goff, François Furet d'avoir eu la faiblesse de s'adresser à l'intelligence des hommes ? S'il s'agit de blâmer leur soumission à la déontologie de l'historien et de tout scientifique qui ne se connaît d'autre maître ni d'autre autorité que la vérité factuelle, alors la critique vaut hommage.

Les études noires, genrées, féministes signent ainsi le triomphe d'un sentimentalisme kitsch à l'université et dans les domaines de la culture et contribuent à l'infantilisation des esprits. Les lecteurs ou spectateurs sont traités avec mépris et condescendance, tels des enfants. Émotion et indignation s'imposent comme les deux mamelles de l'intelligibilité, ou plutôt de l'inintelligibilité, wokiste. La confusion est savamment entretenue entre la critique de notre société et des sociétés du passé et l'esprit critique qui est l'autre nom de l'esprit d'examen et qui, comme le dit l'étymologie (*krinein*), consiste dans l'art de distinguer, séparer, passer au crible, démêler les fils d'un écheveau soigneusement tissé. « En remontant à la racine du terme, rappelle ainsi Jean Starobinski dans *La Relation critique*, on trouve les images du tri, du crible, du vannage. »

Le wokisme se distingue par le primat qu'il confère à l'émotion, au « ressenti ». Rupture, fracassante, avec la définition de l'homme comme doué de *logos*, c'est-à-dire doué de raison et de langage, capable d'élaborer une réflexion articulée, argumentée, nuancée et que précisément l'école, l'université, dans le contact avec les grandes œuvres de l'esprit avaient pour mission de former. À cette noble et haute idée de l'homme, féministes, indigénistes, postcoloniaux substituent l'homme comme clavier qui vibre et dont les vibrations doivent seules faire autorité.

Sous l'empire du wokisme, notre société délaisse l'esprit d'examen, l'argumentation pour se complaire dans l'indignation et le compassionnel, autrement dit dans l'émotion plutôt que dans la réflexion.

Le témoignage de Paul Ricœur, qui enseigna aux États-Unis entre les années 1960 et 1980, est à cet égard extrêmement précieux. Le philosophe observe chez ses étudiants noirs et latino-américains ce qu'il appelle une « immaturité affective », « émotionnelle » contrastant chez certains avec une vivacité intellectuelle étonnante. Ce point est important, car c'est bien cette immaturité affective qui a fait effraction dans notre société et qu'alimentent les professeurs, les journalistes, les politiques, responsables culturels et autres en donnant audience ou, plus grave, en anticipant une impuissance des « minorités » à endurer le réel dans son irréductibilité, son imprévisibilité, sa complexité.

Or, rien n'est plus contraire, on l'a dit en ouverture, à la patrie de Cyrano que cette condescendante sollicitude. À la patrie de Louis Jouvet non moins. Rappelons cette scène du film de Marc Allégret, *Entrée des artistes* où, à l'apprentie comédienne répétant une scène des *Caprices de Marianne* et entonnant, larmoyante, l'antienne : « Je n'ai pas confiance en moi », le maître, virilement, répond : « Qu'est-ce que ça fait, si tu as confiance dans ton personnage. » Les jérémiades ne sont pas le fort de l'esprit français, mais qu'en reste-t-il aujourd'hui à l'ère post-#MeToo et post-Black Lives Matter ? Nous avons la faiblesse de traiter les êtres humains comme des adultes.

Dans son inépuisable *Essai sur la France*, Ernest-Robert Curtius fait de la maturité un trait caractéristique de notre nation. « La littérature française, écrit-il, est une littérature d'adulte. » Les qualités les plus propres à la France, observe-t-il, sont celles que l'on attache ordinairement à un âge avancé : la perfection, le goût, l'instinct et, *le sens de la réalité*. Sens de la réalité, d'une réalité compliquée donc décevante pour les esprits juvéniles qu'on renonce à former et à cultiver.

Chose remarquable : les ciseaux des Anastasie diversitaires et victimaires mettant à l'index telle ou telle œuvre, tel ou tel mot susceptible d'offenser – à la manière de notre éditeur de Conrad –, édulcorant l'histoire, travaillent, avec un zèle inégalé, à maintenir ces minorités dont elles prennent cependant fait et cause, dans un état de minorité intellectuelle et affective tout à fait extraordinaire. Nos belles âmes « éveillées » s'érigent volontiers et sans vergogne en tuteurs. Le Noir, la femme, le musulman sont regardés comme de chétives choses incapables d'endurer le choc de la réalité. Tout est mis en œuvre afin de leur éviter le trouble de penser, le trouble qu'est essentiellement, on l'a dit et vu, la pensée. Et c'est ainsi que le souci du confort intellectuel et moral tant raillé hier lorsqu'il s'agissait du bourgeois se voit aujourd'hui sacralisé et fait son entrée dans les temples du savoir et de la culture.

Prurit justicier et pensées de prétoire

« Il est commode de crier "au poteau !" » écrivait Marc Bloch dans son *Apologie pour l'histoire*, à laquelle il faut plus que jamais revenir. À la différence de la passion de comprendre qui seule domine et illumine les études de l'historien, ainsi qu'il l'établissait, cela ne demande guère d'efforts : « Pour pénétrer une conscience étrangère que sépare de nous l'intervalle des générations, il faut presque *dépouiller son propre moi. Pour lui dire son fait, il suffit de rester soi-même.* » Or, dire leur fait aux hommes du passé est en quelque sorte, en chacun de nous, une disposition première, singulièrement développée dans la jeunesse. « Tous les maîtres qui ont eu à corriger des travaux d'étudiants, observait l'historien, savent combien ces jeunes gens se laissent difficilement dissuader de jouer du haut de leurs pupitres, les Minos ou les Osiris », et Marc Bloch de rappeler le mot de Pascal : « Tout le monde fait le dieu en jugeant. »

Mais l'histoire vient, pourrait-on dire. Elle vient pour nous « aider à guérir ce travers ». « À condition toutefois, ajoutait l'historien, de renoncer elle-même à ses faux airs d'archange. » Or, là est le péché de l'historiographie à la mode wokiste : l'historien se regarde au contraire comme un saint Michel du Jugement dernier, chargé, balance à la main, de la pesée des âmes.

Sous l'influence des *black studies* et autres partis pris identitaires et victimaires, l'histoire, quel que soit son champ d'exploration, change de sens en ceci également que l'historien se mue en juge et procureur.

L'histoire, conformément à son étymologie, est « enquête » ou elle n'est pas, or, ici il ne s'agit plus de chercher mais de démontrer. Des dérives de cette historiographie à l'américaine, l'ouvrage *Sexe, race et colonies* sous la conduite de Pascal Blanchard était particulièrement symptomatique. L'ambition de ce livre était de « retracer six siècles de "rencontres coloniales" à travers cinq continents », nous annonçait-on dans l'introduction, évoquant même des « rapports complexes ». Sauf que de la complexité, de la variété des situations nous ne saurons rien. L'ensemble est grevé par une approche idéologique que trahit le sous-titre : *La domination des corps du* XVe *siècle à nos jours*. Avant même d'ouvrir le livre, nous connaissons le fin mot de l'histoire : « domination ». Le regard du lecteur est un regard prévenu. La diversité des situations dans l'espace, les évolutions dans le temps, la singularité des contextes locaux sont ignorées et écrasées.

L'impossibilité de subsumer six siècles d'histoire sous la stérile catégorie de « domination » ne semble pas totalement ignorée des auteurs qui, évoquant dans leur introduction, Dürer, Rubens, Véronèse ou Titien sont forcés de reconnaître que « les premières images produites, du début du XVe jusqu'à la fin du XVIIe siècle, témoignent, très majoritairement d'une admiration et d'une fascination pour les peuples "exotiques" et leur corporalité ». Mais évidemment, ni cette admiration ni cette fascination ne s'interrompent au XVIIe siècle.

Et tout à fait révélateur de cette mutation du métier d'historien : dans la préface, les images rassemblées sont qualifiées d'« objets du délit » – nous quittons le domaine de l'histoire et de la science pour celui de la justice et du tribunal. Autre nœud mental auquel restent désespérément inféodés nos dits spécialistes : la sexualité, très exactement l'hétérosexualité est pensée sous le signe exclusif de la domination. Un homme qui désire une femme n'a d'autre visée que de l'asservir, de la « posséder » – le mot ne dit-il pas la chose ?

Il ne s'agit plus d'écrire un livre d'histoire mais de dresser les minutes d'un procès. Bref, on ne sort pas instruit de la lecture de cet ouvrage qui se flatte cependant de réunir une centaine d'éminents spécialistes. Mais là n'était assurément pas son objet. Et il revient à la romancière Leïla Slimani qui signe la postface, de vendre la mèche : « Lire ces pages m'a plongée dans la colère ». Et l'enragée de conspuer un Occident dont toutes les disciplines – science, philosophie, arts – « se sont mises au service d'une vision racialiste du monde et l'ont nourrie et développée pendant des siècles ».

On pourrait également citer le documentaire en cinq épisodes réalisé par Raoul Peck *Exterminez toutes ces brutes*, diffusé sur Arte et présenté, par une presse dithyrambique, comme un grand travail d'historien quand il s'agissait de relire l'histoire de l'Occident, depuis les Croisades jusqu'aux guerres du XIXe siècle, à l'aune de la seule domination blanche et de n'y voir à l'œuvre que la volonté des Européens de soumettre le reste du monde.

Évoquant son maître l'historien Alphonse Dupront, Mona Ozouf rappelle que « rien ne lui paraissait plus incongru, au nom des certitudes du présent, que de mettre en examen le passé et de le traduire à la barre » – rappel salutaire pour nous qui, glissant toujours plus allègrement sur la pente justicière, sommes enclins à ne voir partout que bourreaux et victimes. Qu'en restera-t-il, une fois qu'on l'aura scruté avec méfiance, traité sans délicatesse et purgé de ses mauvais penchants ? Exsangue et malmené, il n'offrira plus rien à comprendre. Il nous invitait donc fermement à laisser à la porte les pensées de prétoire ». Délicatesse, tact, scrupule, ces belles et nobles dispositions sont résolument étrangères aux pachydermes wokistes, avides de déconstruction. Mornes et funestes éléphants dans ce magasin de porcelaine qu'est notre passé.

D'une civilisation qui éperonnait en chacun la faculté de s'étonner, de s'émerveiller, d'interroger ce réel foisonnant, nous en sommes venus à cette forme racornie d'humanité, vindicative, aimant peu de choses si elle en déteste beaucoup.

Passions tristes *versus* étonnement, curiosité, admiration

Last but not least, sur la passion, européenne, de chercher, d'enquêter, de comprendre, un soupçon, le mot est faible, est tombé. Intérêt, curiosité, admiration, fascination, dites-vous ? Chimère, faux-nez, masque sous lequel percerait l'instinct prédateur de l'homme blanc. Tout intérêt des Occidentaux pour l'ailleurs et notamment pour l'Orient se voit ramené à la volonté de posséder et de maîtriser. Un exemple entre mille, mais particulièrement désolant car attestant que bientôt, si tel n'est déjà le cas, toutes les citadelles tomberont : au printemps 2022, en ce haut lieu qu'est la Bibliothèque nationale de France (site François-Mitterrand), à l'occasion du bicentenaire de la Société de géographie, se tenait une exposition consacrée aux « visages de l'exploration au XIXe siècle. Du mythe à l'histoire ». Beau sujet, se dit-on et, impatient d'en savoir davantage, on ouvre le bulletin de cette noble institution, le périodique *Chroniques*. Que peut-on alors y lire ? Cette prometteuse manifestation a pour objet... je vous le donne en dix, en cent, en mille, comme eût dit Madame de Sévigné... de « déconstruire la mythologie de l'exploration », de déconstruire, autrement dit, et comme de juste, « la figure héroïque de l'explorateur » en « jeune homme blanc », mais aussi et ô combien, déconstruire « l'illusion que l'exploration rapporte une somme de connaissances scientifiques objectives et désintéressées » : « le parcours de l'exposition, poursuit le chroniqueur, fait émerger un tout autre récit, celui des différentes formes d'appropriation du monde par les Européens ». Le mot, fatal, est prononcé, le verdict rendu, sans appel possible : « appropriation » et appropriation à tous les étages : « appropriation matérielle de richesses et de ressources ; appropriation territoriale par la maîtrise de l'espace que permet la cartographie ; appropriation politique, enfin, par la violence du choc colonial[1] » ! Mais on ne saurait s'arrêter en si bon chemin : en complément de l'exposition, la BNF proposait une reconstitution d'une de ces séances de projection qui accompagnaient les conférences des explorateurs du XIXe siècle. Le combat ne faiblit pas, la déconstruction poursuit son œuvre : ce « voyage en lanterne magique » sera ainsi « l'occasion, nous promet le bulletin, de constater que l'exploration s'inscrit au cœur d'une culture visuelle naissante où désir de curiosité, fascination pour les lointains et préjugés ethnocentristes » se mêlent et où « donner à voir l'Autre et l'Ailleurs permet d'asseoir la légitimité de l'entreprise exploratoire et de conforter le récit de la supériorité supposée de l'Europe à l'heure de la domination coloniale[2] ».

Comment Péguy appelait-il le monde moderne ? « Le monde qui fait le malin. Le monde des intelligents, des avancés, de ceux qui savent, de ceux à qui on n'en remontre pas. »

On reste interdit devant pareil esprit systématique et dogmatique et, si ce dogmatisme n'était pas en passe de devenir la norme du discours officiel, on se contenterait d'engloutir tout cela dans un grand éclat de rire tant le propos a tout du ressort comique si bien identifié par Bergson : « Du mécanique plaqué sur du vivant. »

Adieu étonnement philosophique, adieu admiration, curiosité, soif de connaître, de comprendre – autrement dit, le fondement de la recherche, de la science et de l'art : toujours et partout des hommes assoiffés de pouvoir ! Nous avons ici un exemple tout à fait remarquable

1. Voir le magazine de la BNF, *Chroniques,* n° 94, p. 15, accessible en ligne : http://chroniques.bnf.fr/pdf/Chroniques_94.pdf.

2. *Ibid.*, p. 28.

de ce que je qualifierais volontiers d'essentielle mesquinerie de ces idéologies.

Les passions tristes, comme les appelait Spinoza – soupçon, ressentiment, colère, haine –, celles qui rétrécissent, racornissent l'être, semblent seules exaltées et autorisées.

Pourquoi nous ne devons affubler ni nos statues ni nos œuvres d'art de cartels dits pédagogiques ou explicatifs

Il s'agit là, pour les porte-parole des minorités et de la diversité, de remporter le conflit des interprétations. Habiles, les wokistes de salon, tenants des études noires, décoloniales et postcoloniales ou féministes, ne réclament pas le déboulonnage des statues, non plus la mise à l'index de telle ou telle œuvre aux cimaises de nos musées ou dans les rayons de nos librairies et bibliothèques, ils exigent en revanche des cartels dits explicatifs ou pédagogiques, mais d'une pédagogie toute particulière, ratifiant leur approche et interprétation de l'histoire en dominants et dominés, en bourreaux et victimes.

Tétanisés, sachant que les minorités et la diversité veillent, surveillent et ne manqueront pas de punir, nous n'osons plus aimer notre passé. Si nous rendons hommage à nos grands hommes, ce n'est jamais que sous bénéfice d'inventaire car quoi qu'ils aient accompli de grands et de mémorables, ils sont viscéralement viciés – trop hommes, trop blancs, trop hétérosexuels. À peine le calendrier des commémorations est-il rendu public que chacun s'empresse de préciser : il ne s'agit pas de célébrer, de fêter tel ou tel mort mais simplement de rappeler le rôle qu'il a joué dans l'histoire de la France. Commémorer signifie désormais démystifier, « déconstruire » les mythes.

Or, quel est le sens de ce cérémonial de la commémoration ? Sur ce chapitre, et pourvu que l'on veuille reprendre l'initiative, il faut lire les pages extraordinaires, éminemment inspirées, du philosophe Alain : à l'endroit des morts, nos pensées sont d'abord viles, observe le philosophe : « les morts nous parlent de nos faiblesses », ils ont été vaincus, vaincus par la vie. On en viendrait à les exécrer. Ils nous encombrent, la Cité est faite de plus de morts que de vivants, a justement dit Auguste Comte. Mais nous avons non moins conscience de la laideur de pareilles pensées. Nous y enfoncer aurait quelque chose de dégradant, il nous faut donc nous en délivrer. Aussi avons-nous conçu le régime de la commémoration. Les morts occuperont notre souvenir, mais non plus par leur faiblesse, mais « par leur force, par leur beauté, par leur vertu ». Nous les rétablissons alors « dans leurs plus beaux moments ». « Le grand homme n'est plus que grand. Toutes ses fautes sont enlevées ». Légende, objectera-t-on. Assurément, répond Alain, mais « non point arbitraire et fausse », sélective seulement, « plus vraie que l'histoire » où se mêlaient fatalement grandeurs et misères.

« Cette métaphysique est obscure », concède le philosophe, « mais l'amour y trouve passage. L'amour veut admirer et trouve à admirer ». L'amour et l'homme aussi, car Alain de conclure : « Il n'y a donc qu'à penser aux morts et avec les morts pour penser plus haut que soi. L'admiration ne cesse de nous hausser. » Alain ne conçoit pas une humanité qui se complairait dans les pensées basses, les passions tristes.

Vers une insurrection des esprits ?

Est-il téméraire d'espérer une lassitude de nos contemporains ? Est-il naïf d'escompter une insurrection des esprits, lassés de l'indigence et de la monotonie du scénario ? Hardi d'anticiper une prise de conscience de ce que le réel est irréductible aux caricatures dont la haine ou le ressentiment a besoin, selon le mécanisme si bien analysé par François Mauriac[1] ? Téméraire, naïf, hardi ? Sans doute. On devine cependant ici ou là quelques tremblements, quelque impatience. Ainsi arrive-t-il même à l'hebdomadaire *L'Obs*, jamais en retard cependant d'une bataille sur le front du wokisme – « L'édition est-elle trop blanche ? » faisait mine (la réponse étant dans la question) de s'interroger le journal une semaine après s'être félicité de l'exhortation d'Alice Coffin à ne plus lire que des romans écrits par des femmes et de bannir ceux commis par les hommes –, il arrive donc même à *L'Obs* de soupirer. Ainsi, en 2021, chroniquant l'exposition « Ex Africa. Présences africaines dans l'art d'aujourd'hui » qui se tenait au Quai Branly et dont le commissaire était Philippe Dagen, historien d'art et critique au journal *Le Monde*, David Caviglioli de confesser sa lassitude : « On sort un peu épuisé, avouons-le, de ce parcours qui répète ce qui est déjà dit partout [...] "Ex Africa" souffre de cette maladie contemporaine qui pousse à ne plus envisager que les rapports entre les choses (la *domination*, la *critique*). Et finalement

1. L'auteur du *Nœud de vipères* montre en effet comment cette vile passion travaille à l'« élimination de tous les traits qui adouciraient la charge, qui rendraient plus humaine » son objet, produisant ainsi « la caricature dont [elle] a besoin pour sa justification ».

rend le moderne incapable de s'intéresser aux choses elles-mêmes – en l'occurrence l'art africain. » Et le vaillant journaliste de conclure : « Il est temps de trouver autre chose à dire. »

IV

La liberté du pas de côté

Ce n'est pas seulement le modèle républicain qui est mis au défi, et en péril, par les idéologies diversitaires et victimaires ainsi que par leur corrélat, la culture de l'effacement et du bannissement, mais bien l'entente française de la vie.

La saveur de notre modèle cristallise dans un motif la liberté du pas de côté – pas de côté et non arrachement, contrairement à l'idée volontiers répandue, ainsi que je le développerai plus bas. Pas de côté qu'est la pensée, pas de côté qu'est le rire, pas de côté que sont l'école et l'université, pas de côté également inscrit au cœur de notre conception de la citoyenneté.

Sans nier les déterminismes sociaux, historiques, psychologiques, la France est en effet cette belle audacieuse qui rappelle chacun à sa liberté, au jeu qu'il peut instaurer avec lui-même, au pas de côté qu'il lui est toujours loisible de risquer, en admettant l'existence de limites. Car, ainsi que l'a si puissamment établi Merleau-Ponty, s'il s'agit de « faire à la liberté sa part et lui donner quelque chose, il ne s'agit pas de tout lui donner ». Une philosophie de la liberté ne va pas sans une pensée de la passivité. Subtile dialectique de l'enracinement et de l'émancipation. Aux échecs, cette figure s'appelle la marche du cavalier. Chez Lucrèce, le *clinamen*, cette déviation toujours possible et souverainement imprévisible. Elle postule qu'il est en chacun de nous une enclave de liberté, et c'est à cette liberté que la République en appelle, c'est elle qu'elle éperonne quand les féministes, les militants LGBT, les racialistes, les indigénistes garrottent l'individu à son sexe, à sa sexualité, à sa race, à sa religion. Plus de jeu, plus d'écart ! L'heure est à la pesanteur…

Loin de moi l'idée de ramener la France à une équation ou à une formule. Je cultive les plus grandes préventions contre toutes les tentatives d'épuisement de l'identité française. À peine prétend-on coudre à la France telle disposition, telle qualité, tel attribut, je tends à me cabrer, d'autant que ce qui fait la singularité, et la saveur, de la France est bien son génie des contrariétés, comme dirait Albert Thibaudet. Force m'a été toutefois de rendre les armes : par-delà la formidable variété et prodigieuse richesse des biens qui composent la France, ce qui s'est peu à peu imposé à moi, au fil de mon expérience, de mes rencontres, de mes lectures, c'est l'extraordinaire constance de ce goût, de cette délectation du jeu, de l'écart, sorte de basse continue qui traverse les siècles. Dynamique au demeurant, et non trait figé, artificiellement isolé.

La passion de penser, d'interroger, de comprendre nous étreint, nous empoigne, comme dirait Flaubert. Le repos, le confort n'ont guère d'agrément pour nous. L'esclavage de l'esprit non plus. Patrie littéraire, patrie politique, patrie des arts, patrie de la conversation, patrie de la gaieté et de la légèreté, patrie des formes, de la mise en forme : tout fait signe vers l'art de se quitter, d'emmener son esprit en voyage, d'élargir son être, de l'agrandir.

Nous concédons très peu à la nature, c'est-à-dire à la spontanéité, à l'immédiateté. Tout à l'inverse de la rhétorique identitaire et victimaire qui englue chacun dans son être.

Sans doute, pas plus que la passion de penser, d'interroger, de comprendre, le pas de côté n'est-il une spécificité française. Il est un bien commun à la civilisation européenne, mais il ne me semble pas excessif de dire que la France l'a cultivé avec une ardeur et un zèle peu communs et que, par conséquent, à cet égard, nous avons une responsabilité particulièrement élevée. Bien commun de l'humanité européenne…

Au commencement était la Grèce

Souvenons-nous : au commencement de l'Occident, de l'Europe, était la Grèce du ve siècle avant Jésus-Christ, Athènes et une Cité tout entière saisie de la passion d'interroger, de chercher, d'enquêter, de comprendre. Qui par la tragédie (Eschyle, Sophocle, Euripide) ou la comédie (Aristophane), qui par la philosophie (Socrate, Platon, bientôt Aristote), qui par l'histoire (Hérodote, puis Thucydide), qui par la sculpture (Phidias) et d'abord des hommes qui s'assemblent, discutent et disputent des affaires communes. Une Cité qui proclame que partout, affaires humaines aussi bien que divines, l'esprit doit pouvoir se risquer et se risque. L'humaine nature, et pas seulement la nature, l'humaine condition est son objet, elle qui ne sait rien encore de l'introspection.

J'aime à citer, sur ce chapitre, Jean Giono. On pourrait dire en effet des Occidentaux ce que le romancier disait de son goût pour l'auteur du *Prince* : « J'ai commencé de lire Machiavel, je m'y suis plu, j'ai continué. » Boèce, Dante ont commencé de lire les Grecs et les Romains,

Ficin, de lire Platon, ils s'y sont plu et ils ont continué et nous après eux. Ce qui a plu aux hommes du Moyen Âge, puis à ceux de la Renaissance, à ceux des Lumières quand Diderot ou Voltaire louent Socrate, à Nietzsche, c'est bien la proclamation de ce qu'il n'est pas de fruit défendu, pas de cartes routières de la pensée. C'est en somme cette essentielle inquiétude, ce non-repos auquel consent quiconque commence de penser qui nous définit. « Continent de la vie examinée », disait Patocka de l'Europe. L'étonnement se fait interrogation, questionnement. Avec la Grèce, la raison, le *logos* – raison et langage mêlés –, une certaine manière de conduire sa raison prend les rênes de l'Occident. Une raison occupée à enquêter, comprendre, persuader, qui ne reconnaît aucune parole d'autorité, d'où la méfiance qu'elle s'attire des autorités précisément.

L'allégorie de la caverne revêt un caractère fondateur pour nous, elle nous est une sorte de récit des origines. Au commencement était donc la Grèce, et très spécifiquement, le mythe de Platon : un homme enchaîné, c'est-à-dire captif des échos dont bourdonne la caverne, entouré de présences spectrales qu'il prend pour des réalités, aplani sur le présent et vivant à la surface de lui-même, englué dans cette modalité anonyme de soi qu'est le « on », sentant, jugeant, pensant comme *on* sent, comme *on juge,* comme *on* pense, prend la clef des champs, se risque hors les murs, fausse compagnie à ses semblables, en réalité, comme l'a montré Heidegger dans un magnifique texte sur « La doctrine de Platon sur la vérité », il ne quitte pas le navire, il reste embarqué, mais, il suspend ses habitudes, le rapport utilitaire aux êtres et aux choses, et s'étonne, interroge, discute, dispute avec ses semblables... Plus rien ne va de soi, tout devient question.

Le penseur est ce taon auquel Socrate se compare, cette raie-torpille qui fait vaciller tous les repères de la certitude. « J'avais entendu dire, s'impatiente Ménon, comme nombre des interlocuteurs du philosophe, avant même de te rencontrer, que tu ne fais rien d'autre que de trouver partout des difficultés et d'en faire aux autres ». Et à lui-même en tout premier lieu. Telle est la fonction, tel est le devoir même du penseur. Telle est aussi sa légitimité.

Et ce penseur s'incarne dans le philosophe, mais non moins dans l'historien, dans le peintre, le romancier, le poète, tous s'arrêtent de vivre pour explorer, enquêter.

On pourrait m'objecter que le spécialiste des « minorités » et de la « diversité » n'en est pas moins animé de la passion de connaître sauf que, je crois l'avoir établi, son regard et son intelligence sont prévenus.

Appréhendant la totalité du réel au travers du prisme identitaire et victimaire et fort d'un grand récit dans lequel celui-ci se doit d'entrer quoi qu'il en coûte de complexité, de nuances, d'égards aussi. Les idéologies wokistes constituent au contraire une assurance contre les risques que la pensée fait encourir. Tout est mis en œuvre pour incarcérer chacun, et notamment la jeunesse, dans la prison du présent, de ses obsessions, de ses évidences, et, suprêmement coupable, leur fermer l'intelligence de modalités d'existence et de pensée autres que celles qui nous gouvernent. Grâce aux grandes œuvres de l'esprit, tout devient question, ai-je dit, et d'abord, ce qui n'en est pas dans la caverne. Nous ne lisons pas Homère ou Shakespeare seulement parce qu'ils avaient des préoccupations analogues aux nôtres mais parce que, au contraire, ils nous découvrent des aspects de l'existence ignorée, et par là agrandissent nos esprits et nos vies. C'est bien pourquoi il est funeste de transformer l'école, l'université, l'ensemble des institutions culturelles en « chambres d'écho » des questions sociétales.

Relisons Hannah Arendt. Réfléchissant, au lendemain de Mai 68, à l'essence de l'université, notre philosophe célèbre à sa manière le pas de côté : « Les universités permettent à des jeunes gens de demeurer, pendant un certain nombre d'années, *à l'écart de tous les groupements sociaux et de toutes les obligations sociales* : d'être vraiment libres autrement dit. » Et Arendt de conclure en des termes qui devraient éperonner notre courage et notre résistance : « Il est assez improbable qu'un type quelconque de société civilisée soit capable de survivre à la disparition de ces curieuses institutions, dont l'impartialité et l'indépendance à l'égard de toute pression sociale et politique constituent précisément l'essentiel du rôle politique et social qu'elles remplissent. »

Ces curieuses institutions, ce sont assurément les facultés, mais l'école, mais les musées, les théâtres ou les opéras.

De la liberté du pas de côté qu'est le rire

La querelle qui opposa le dessinateur Xavier Gorce au journal *Le Monde* fait ressortir de manière très éclatante ce que nous hasardons en signant la reddition avec ce que nous regardions jusqu'alors comme des biens des plus précieux et essentiels à notre civilisation, et singulièrement cet art du pas de côté.

L'affaire « Gorce » est d'autant plus symptomatique de l'atmosphère dans laquelle nous baignons que le théâtre n'en est pas une obscure officine, mais une institution, le journal *Le Monde*.

Rappelons brièvement les faits : sur fond de publication d'un livre révélant les actes d'abus sexuels commis sur son beau-fils par une personnalité parisienne très en vue, et alors que, sur les plateaux de télévision, la question de la qualification des faits agitait les cerveaux : « Peut-on parler d'inceste lorsque l'agression sexuelle n'est pas commise par le père biologique ? » Le caractère « dérisoire » de la question frappe Gorce et au « dérisoire », le dessinateur choisit de répliquer par la « dérision »[1]. « Si j'ai été abusée par le demi-frère adoptif de la compagne de mon père transgenre devenu ma mère, est-ce un inceste ? » se demande l'un de ses célèbres pingouins. À peine le dessin a-t-il paru sur le site du quotidien *Le Monde* que les activistes des réseaux sociaux s'en saisissent, crient à l'offense. Mécanisme rôdé. Sans délai, le journal s'exécute, se repent d'avoir laissé paraître « un dessin qui n'aurait pas dû être publié » et désavoue publiquement le dessinateur. Bref, les loups hurlaient, et le journal du soir se faisait leur avocat. Peu importait le contenu du dessin : en vertu d'un nouvel impératif croqué par Gorce lui-même quelque temps auparavant, les faits étaient démentis par le « ressenti », c'en était assez.

Le texte que *Le Monde* publia au lendemain de l'« effacement » du dessin du site du journal, « Nos explications sur le départ de Xavier Gorce », constitue un morceau d'anthologie. Jamais aveu n'avait été aussi

1. Précisons que Xavier Gorce ne déniait pas la légitimité de la question de la qualification des actes dans l'enceinte des tribunaux.

éclatant. Une chose frappe à la lecture de ce plaidoyer *pro domo* : pas un instant, la question de l'essence même du dessin de presse, du rôle du dessinateur au sein d'une rédaction ne semble avoir tourmenté les esprits. Toujours, chez les belles âmes, cette bonne conscience invincible au doute.

Qu'est-il reproché à Gorce ? De « s'être mis en porte-à-faux avec le travail de fond effectué sur cette question ces derniers mois ». Gorce se croyait dessinateur de presse ? Il apprenait qu'il était, qu'il devait être illustrateur. Et illustrateur d'une ligne éditoriale rigoureusement, militairement, tracée. La caporalisation du dessinateur va de soi aux yeux du journal. Terrible confession, soit dit en passant, pour les dessinateurs qui continuent d'œuvrer au *Monde* et pour les nouvelles recrues : nous savons désormais que si leurs dessins paraissent, c'est qu'ils sont jugés conformes à la ligne éditoriale du journal et à l'air du temps. « Dessins autorisés n'offrent qu'idées du jour », pour reprendre Milton citant le savant Francis Bacon. Autant passer notre chemin. Formidable aveu aussi, ou candide confirmation, quant au rôle que s'assignent désormais les journalistes : de gardiens des réalités factuelles, ceux-ci se conçoivent comme chargés de mission, paladins du Bien, agents du « changement des mentalités ».

Or, qu'est-ce qu'un dessin de presse sinon l'art d'introduire, par la grâce du dessin et de l'humour, du jeu entre l'actualité qui nous brûle et nous-mêmes, la liberté du pas de côté précisément, la marche du cavalier comme on dit au jeu d'échecs, sans quoi il n'est pas de pensée, pas de rire, pas d'art ou de littérature possible ? Qu'est-ce qu'un dessin de presse sinon une respiration ? Vous lisez votre journal, vous vous agacez, vous ruminez, vous fustigez et puis, vient le dessin. C'est une pause. Une invitation à suspendre le jugement, à douter, à vous défier de vos mouvements premiers. Qu'est-ce, autrement dit, qu'un dessinateur de presse sinon une mouche du coche ? Pas de sacré, pas de tabou, pas de totem, pas d'idole, au contraire même, pourrait-on dire : ce sont précisément les idoles du jour qui savent l'art d'aiguiser la curiosité et le crayon du dessinateur.

Le dessinateur de presse est embarqué, mais il n'est pas engagé : il est embarqué parce que c'est bien le monde dans lequel il vit et les hommes qui l'habitent qui l'intéressent – mais il n'est pas engagé parce qu'il ne sert ni ne dessert d'ailleurs, aucune cause, et ce parce qu'il ne s'oriente pas selon ces catégories. Il ne plaide ni n'accuse. Il ouvre les yeux, il tend l'oreille. Ce qu'il voit ou entend le frappe, l'amuse, l'impatiente, il prend le crayon. Au commencement du dessin, pourrait-on dire, est l'étonnement.

La première vertu du dessin est d'identifier les ridicules de notre temps, de cartographier les nouveaux territoires du risible, fussent-ils sacralisés.

L'autre grief formulé par *Le Monde* à l'endroit de Gorce, crime suprême apparemment aux yeux de la rédaction – et ce fut, pour moi, je dois le dire, la goutte d'eau qui fit déborder le vase : avoir fait montre de « légèreté ». Or, qu'est-ce, là encore, qu'un dessin de presse sinon un sourire ? De la légèreté, en effet. De la gaieté même : « Et savez-vous comment s'appelle la gaieté des gens qui pensent ? Elle s'appelle le courage de l'esprit », écrit Anatole France en conclusion d'un admirable petit texte consacré aux conteurs français, et dans lequel il dit son estime infinie pour « ceux qui découvrent en souriant le néant des choses et qui écrivent des contes sur le mal universel ».

« Tristes excuses » du *Monde*, conclut Xavier Gorce dans *Raison et dérision*, où il revient sur sa mésaventure, tristes excuses du *Monde* comme de toutes les institutions et de toutes les personnalités qui, par les repentances, sacrent et consacrent une idée fort dégradée et dégradante de l'homme.

Et pourtant. C'est bien à de telles mœurs que, à l'heure de la *cancel culture* et de la *woke culture*, nous allons devoir nous accoutumer à vivre si nous ne réagissons pas. Décoloniaux, féministes, militants LGBT, animalistes et autres activistes de la cause victimaire dessinent les cartes routières de la pensée, traçant les frontières du licite et de l'illicite, vouant quiconque se hasarde hors de ces lisières à la mort sociale. Le genou à terre, au propre comme au figuré, s'impose comme la nouvelle posture morale : on bat sa coulpe, on présente des excuses, on sollicite le pardon.

Ressources voltairiennes : « Voltaire n'allait pas jusqu'à imaginer que la France deviendrait triste... » (Jean Dutourd)

« La France, patrie des Lumières ». Encore une de ces formules, exsangues et condamnées à le demeurer aussi longtemps que nous ne tenterons pas de lui rendre quelques couleurs. Il y a Lumières et Lumières, celles qui regardent les liens comme des entraves et travailleront toujours plus farouchement à en délier les hommes, celles qui forment pour idéal une société des hommes sans mythes ni religions, sans passé ni tradition, société du présent et tout entière ouverte vers l'avenir – l'expérience nous a instruits, cette voie que nous avons empruntée est une impasse –, mais il y a aussi les Lumières mues par la passion de chercher, de découvrir, celles qui ne tracent aucun cercle autour de la pensée, ce « grand midi d'énergie philosophique et politique, de recherches scientifiques et médicales, de prose littéraire », un siècle soulevé par la curiosité, comme le dira Madame de Tencin, où « l'esprit fermente partout » (Paul Valéry), où la passion d'explorer sort « des écoles, comme l'écrit Tocqueville, pour pénétrer dans la société et devenir la règle commune de l'intelligence ». « Une exubérance », « une jouvence », une « fièvre découvreuse », selon les mots d'Alphonse Dupront qui, dans son *Qu'est-ce que les Lumières ?*, peint souverainement et dans tous les domaines, « cette dynamique découvreuse de puissance humaine venue renforcer le goût collectif de connaître, développé par la constitution au XVIIIe siècle de cette République des Lettres devenue, au long du siècle, le monde des « Lettres, Sciences et Arts » – mais évidemment à l'heure du wokisme, la curiosité redevient ou même devient, car finalement, la faute originelle ne nous a jamais détournés d'y céder, un péché, on n'y voit que le dominateur, le prédateur.

Qu'on me permette un détour du côté de Voltaire car il me semble que c'est un très bon antidote, proprement français, à l'obscurantisme auquel confine l'esprit woke et le rétrécissement, le racornissement intellectuel auquel ce dernier nous condamne.

« Le tort de Voltaire, écrivait Jean Dutourd, est d'avoir été gai. Il ne s'est pas méfié de la postérité. Vivant dans un siècle très intelligent, donc porté à rire, il s'est laissé aller pendant quatre-vingt-quatre ans à son esprit facétieux. [...] Voltaire était pessimiste, mais il ne l'était pas assez. Il envisageait les plus effrayantes calamités, il croyait l'homme capable de toutes les abominations, il considérait que ce meilleur des mondes possibles était une caverne de brigands, une jungle de bêtes fauves, mais il n'allait pas jusqu'à imaginer que la France deviendrait triste et que l'Europe en ferait autant. » Explorons nos ressources voltairiennes. Rendons à l'homme des Lumières son piquant et son mordant, délivrons-le des pieuses, si l'on peut dire, banalités sous lesquelles on ensevelit notamment l'auteur du *Traité sur la tolérance*.

« Il nous faut avouer, ou proclamer – selon les goûts – qu'il est spécifiquement français, inconcevable sous un autre ciel », disait Paul Valéry dans le beau discours qu'il prononça en hommage au patriarche de Ferney en 1944, à l'occasion de l'anniversaire de sa naissance. Voltaire s'offre en effet comme une sorte de concentré de nos traits les plus propres, de ceux qui font notre singularité, notre charme et parfois, avouons-le, de ceux qui, parfois aussi, rompent ce charme.

De ces traits, en tout cas, qui nous mettent en porte-à-faux avec l'esprit du temps, lequel est aux bâillons et aux âmes dites offensées. Ces traits dont nos ennemis aussi bien que nos « amis », anglo-saxons notamment, nous pressent de nous défaire. Aussi, dans cette période où il nous faut avoir plus que jamais ce que j'appelle donc le courage de la dissidence, c'est-à-dire le courage d'incarner un autre modèle de civilisation, un détour par Voltaire pourrait se révéler délicieusement fécond.

Voltaire, c'est aussi et d'abord, le gai savoir ou plutôt le gai lutteur, celui qui a su donner au combat pour la raison, mais à l'ensemble de ses combats, « l'allure d'une fête », comme le dit Roland Barthes, déjà cité. Et c'est par là qu'il peut, qu'il doit, nous inspirer. Une raison crépitante qui n'a rien de la froideur de la raison calculante, destinée à arraisonner le réel.

En Voltaire s'incarne la liberté de l'esprit, de cet esprit qui s'y risque et qui est risque, personnel et collectif – un risque que manifestement que nous ne voulons plus, ou de moins en moins, courir aujourd'hui. Nous le savons depuis l'allégorie de la caverne, et Voltaire le vérifie : qui commence de penser en a fini avec la tranquillité. La pensée est fondamentalement in-quiétude, littéralement, non-repos. Telle est l'expérience à laquelle le lecteur de *Zadig*, de *L'Ingénu*, de *Candide* doit consentir. Qu'il se prépare : tout est appelé à vaciller. Il doit accepter par avance d'être ébranlé dans ses certitudes et avant tout, dans celles du présent. Quel intérêt y aurait-il à lire Voltaire, si c'était pour qu'il se contente de ratifier nos évidences ? Sans doute, a-t-on, notamment à l'Éducation nationale, trouvé un subterfuge pour se mettre à l'abri de cette diabolique puissance d'ébranlement : ramener le propos de Voltaire à un « message » bien lisse, bien convenu, mais il ne se laisse pas aisément enserrer.

Il y a du Socrate en Voltaire : à l'image du père de la philosophie, dont il fit le sujet d'une comédie, il proclame qu'il n'est pas de parole d'autorité, pas de cartes routières de la pensée (donc pas de ces « dérapages » que nous ne cessons de traquer). Comme Socrate encore, Voltaire est une torpille, un taon, une mouche du coche, qui ne laisse pas en paix les esprits. Son aiguillon ? Analogue à celui du philosophe, l'ironie. L'ironie voltairienne, cette « ironie des grands seigneurs élevée à la dignité d'un style philosophique » (Marc Fumaroli), témoigne d'une confiance remarquable dans les ressources de la langue et les vertus qu'on dira heuristique, c'est-à-dire dans le pouvoir de dévoilement de cette modalité du rire. L'ironie découvre l'essentielle ambiguïté des choses, rend criante la disproportion entre les principes allégués ou les fins poursuivies et les effets concrets. « Son arme ?, s'enquérait Victor Hugo, celle qui a la légèreté du vent et la puissance de la foudre », et très exactement, la puissance de la foudre parce que la légèreté du vent. Voltaire donne en effet le sentiment de ne pas y toucher, mais le lecteur, lui, est touché, et en profondeur. L'ironie est une remarquable et redoutable puissance d'ébranlement. Elle ne délivre pas de solution, elle est au seuil de la pensée, au lecteur de prendre le relais. « Étant lumineux, il a été fécond », dit encore Hugo. Étant drôle, doit-on ajouter. Et c'est cette gaieté que nous, Français, devrions regarder comme un devoir d'entretenir.

C'est la raison pour laquelle j'ai placé en exergue de ce livre les mots par lesquels Hyppolite Taine concluait les pages étincelantes qu'il consacrait à Voltaire dans ses *Origines de la France contemporaine* : « Prenons-y garde, avertissait-il, la gaieté est encore un ressort, le dernier en France qui maintienne l'homme debout, le meilleur pour garder à l'âme son ton, sa résistance et sa force ». Comment ne pas y entendre résonner une injonction ?

Voilà pour la forme. Voyons le fond à présent. Si nous avons besoin de Voltaire, c'est bien pour sa philosophie, une philosophie qui ne s'offre pas comme un système, mais qui partout affleure et qu'il est possible de reconstituer. Une philosophie de nature à nous fortifier dans les principes qui sont les nôtres. Par paresse, par confort intellectuel ou conformisme, pour s'éviter cette puissance d'ébranlement que recèle l'œuvre voltairienne – « cette grande palpitation qui a remué le monde », disait Flaubert – celle-ci se trouve trop hâtivement reconduite à de mornes généralités et de pieuses, si l'on peut dire, banalités qui en étouffe l'originalité et la fécondité.

Voltaire, chantre de la raison ? Assurément. Mais pas de n'importe quelle raison. Pangloss aussi, l'optimisme leibnizien aussi, c'est la raison, mais c'est une raison qui veut toujours avoir raison, la raison raisonnante qui jamais ne consulte le réel, formidable assurance prise contre le réel, contre l'épreuve du réel, ses cruels démentis.

C'est ainsi que l'œuvre voltairienne devrait d'abord être lue, moins comme un hymne exclusif à la raison que comme un réquisitoire contre toutes les tentatives d'occulter le réel, un plaidoyer pour les faits. Candide, ce n'est pas seulement le nom de son héros le plus célèbre, c'est aussi et d'abord une disposition, une manière d'être au monde : Candide est l'homme qui ouvre les yeux et qui a la faiblesse de voir ce qu'il voit, d'en croire ses yeux. Pangloss peut raisonner, ratiociner même, soutenir que c'est là le meilleur des mondes, Candide s'obstine. Dans l'univers de Voltaire, et contrairement à celui des hommes de Progrès et de Raison qui viendront après lui et qui, pour certains, se réclameront de lui, il n'est pas de barbarie provisoire, pas de mal passager pour un bien éternel, comme le dira Hugo de la Terreur, pas d'omelette de quelque nature qu'elle soit qui justifierait qu'on cassât les œufs.

Ce n'est pas seulement le sommeil de la raison qui engendre des monstres, c'est aussi le sommeil des sens. Contre les philosophes dogmatiques, contre les spécialistes, les experts, contre l'esprit de géométrie, Voltaire demande ainsi que l'on rende son autorité à la réalité vécue, concrète. Que nous ouvrions les yeux, naïvement, ingénument, candidement. À l'optimisme leibnizien de Pangloss, Candide n'oppose pas un autre système, une autre philosophie, mais les faits, la réalité factuelle.

En somme, et pour qui veut bien le lire et le lire bien, Voltaire est le premier averti des dangers d'une raison abandonnée à elle-même, transformée en idole, celle des idéologues de toute espèce qui aujourd'hui s'incarne dans le wokisme : « Un athée qui serait raisonneur violent et puissant serait un fléau aussi funeste qu'un superstitieux sanguinaire », écrit-il ainsi dans son *Traité sur la tolérance*.

Qu'on ne se méprenne pas, il ne s'agit pas de nier la confiance de Voltaire en la raison – « attendons tout [...]de l'esprit de raison qui commence à répandre partout sa lumière », écrit-il en conclusion de son *Traité sur la tolérance*. Mais il a non moins une conscience vive de la propension de l'esprit humain, et donc de la raison, à s'émanciper du réel. Il ne s'agit pas de décrier l'intelligence, l'esprit, la raison, mais de prendre soin de les entourer de garde-fous. Ni rationalisme aride ni anti-rationalisme, mais une raison qui demeure liée au réel, aux hommes de chair et de sang comme le cercle à son centre, soucieux de s'ajuster. « Quand nous ne pouvons nous aider [...] du flambeau de l'expérience et de la physique, il est certain que nous ne pouvons faire un seul pas », sauf à s'égarer, à se perdre et à perdre la réalité des êtres et des choses.

L'œuvre est en outre foisonnante de fulgurances auxquelles on doit savoir être attentifs. Voltaire sait que, humainement parlant, la raison, c'est un peu court et un peu sec : Zadig est amoureux, et d'un désir illicite, il demande secours à la philosophie, mais Voltaire d'en faire l'aveu : si de la philosophie, il tirait des lumières, il n'en recevait en revanche aucune consolation.

Et puis, formidable exemple pour nous qui semblons n'avoir plus aucune confiance dans le pouvoir de la langue. C'est par la puissance du verbe et de la fable que Voltaire conquiert les esprits. On n'atteint pas les âmes, sans l'art et la manière et Voltaire sait l'art de courtiser l'assentiment de son lecteur. La pensée a à voir avec la galanterie, et Voltaire, qui définit le galant comme « un homme empressé à plaire », plaît par son art sans égal de raconter des histoires. Même dans ses écrits les plus théoriques, au penseur se mêle le conteur. Voltaire, c'est une écriture, simple, claire, épurée, vive, énergique, allègre. Une verve. Une éloquence, sans quoi il n'y a pas de Lumières possibles, ce qu'il n'est pas tout à fait inutile de rappeler de nos jours. Pourquoi revenir à Voltaire ? demandait Sainte-Beuve, et sa réponse doit être la nôtre : « J'aimerais à voir la jeunesse s'apprivoiser et s'adoucir petit à petit [...] à ces manières de dire vives et faciles, qui étaient réputées autrefois les seules françaises. » S'adoucir au contact de Voltaire, ce n'est pas certain, mais en tout cas apprendre l'art de dire, de mettre en forme ses colères, ses exaspérations, ses haines mêmes, autrement dit passer de la vocifération à la langue. Peut-être Voltaire fait-il figure d'indigné perpétuel, mais Julien Gracq est quelque peu injuste lorsque, lisant celui qu'il appelle le « vibrion de Ferney », il n'entend résonner qu'un « bourdonnement de guêpe exaspérée », car le bourdonnement se fait éloquence.

Attachons-nous au Voltaire polémiste. Sans doute, et Tocqueville a raison, Voltaire s'est-il « enfermé dans le cercle étroit des idées religieuses », sans doute agace-t-il quand, contre l'esprit des Écritures, il joue la lettre et Benjamin Constant n'a pas tort : « Pour s'égayer avec Voltaire aux dépens de la Bible, il faut réunir deux choses qui rendent cette gaieté assez triste : la plus profonde ignorance et la frivolité la plus déplorable ». Enfin, et surtout, il n'est sans responsabilité dans l'avènement de « cette race d'hommes » dont parlait Paul Hazard, « qui n'a plus eu pour nourriture spirituelle que l'anticléricalisme » et dans l'impuissance française à comprendre le phénomène religieux, notre funeste inclination à renvoyer dans les ténèbres de l'obscurantisme la foi, les rites et les sacrements. Qui s'en tiendrait au Voltaire polémiste se condamnerait assurément à tout méconnaître des vertus civilisatrices du christianisme. Toutefois aussi irritant puisse-t-il être par son inintelligence concertée et ses incompréhensions volontaires, nous aurions diablement besoin d'un Voltaire.

Si sa critique porte et continue de porter, si son combat reste le nôtre, c'est que ce qu'il dénonce, au travers de l'inquisition, des massacres de la Saint-Barthélemy, de l'exécution de Calas, ou de la mise à mort du chevalier de La Barre, c'est moins la foi que le dogme qui se fait raison pratique, Petit Livre rouge, manuel d'action ou de juridiction – ce qui se produit aujourd'hui avec le wokisme, et naturellement avec l'islam.

Le mal absolu, radical est commis par des hommes qui se conçoivent, et partant agissent, comme les confidents et dépositaires de l'Absolu – absolu de Dieu, aussi bien, et le stalinisme et le nazisme le vérifient, que l'absolu du sens de l'histoire. Ceux qui proclament : « nous sommes le vrai troupeau, nous devons exterminer les loups », fatalement, funestement, se feront « les loups eux-mêmes », prévenait Voltaire. Il n'y a pas, ici-bas, de vrai troupeau, de vrai berger, il y a des hommes plus ou moins éclairés, plus ou moins bons, plus ou moins justes, le progrès des Lumières est appelé à les perfectionner, mais enfin aucun qui ne puisse prétendre être la Bonté ou la Justice incarnée, la Vérité descendue sur terre. L'homme, les hommes s'essayent toujours, bricolent, tâtonnent, ajoutent un peu de bien sur terre, tentent de ne pas y introduire trop de mal, mais on ne saurait aller au-delà.

Et si son *Traité sur la tolérance* nous est précieux et fécond, c'est qu'il fait mieux que *prêcher* cette vertu, il lui donne ses fondements anthropologiques : c'est parce que « nous sommes tous pétris de faiblesses et d'erreurs » que nous devons accepter que nos convictions soient *mises en relation* avec celles d'autrui, discutées, disputées et non imposées. La tolérance voltairienne n'a rien d'un relativisme, il ne s'agit pas de ne pas croire à ce que l'on croit, elle est consentement au régime de la conversation civique.

L'homme est ce qu'il est, également traversé par le bien et le mal – car si Voltaire récuse le dogme du péché originel, ce n'est pas pour lui substituer, à la manière de Rousseau, une innocence primordiale que la civilisation aurait souillée. S'il décrit le mystère de la Chute, c'est qu'il lui semble bien présomptueux de postuler que l'homme puisse être autre et supérieur à ce qu'il est. Il y a chez Voltaire, et c'est bien ce qui le sépare de la niaiserie progressiste des voltairiens à la Homais, un pessimisme anthropologique.

Telle est la philosophie de Voltaire, sa sagesse, une philosophie de la finitude et de la réconciliation avec l'humaine condition. Pas d'horizon de fin de l'histoire, chez le combattant des Lumières, pas de grande réconciliation ultime. Pas de royaume à restaurer, pas de paradis sur terre à faire advenir. Pas d'humanité à régénérer. Sans doute la vie n'est-elle pas douce, nous dit le philosophe, et chacun de ses contes est là pour nous le rappeler si nous étions tentés de l'oublier – mais elle peut être adoucie, comme dirait Orwell, par les trésors de la civilisation. Il faut à cet égard relire *L'Ingénu*. Voltaire n'érige pas en idéal l'homme qui dit toujours naïvement ce qu'il pense comme il fait tout ce qu'il veut. Son Huron forme son esprit, se civilise en lisant Racine, La Fontaine. La littérature lui apprend à raffiner ses sentiments. C'est par l'étude des livres que l'ingénu accède à la raison autonome et souveraine. Voltaire ne souscrira jamais au primitivisme d'un Rousseau. L'homme ne devient homme qu'en se cultivant et en se poliçant. L'autonomie voltairienne n'est pas autarcie.

Pourquoi nous chérissons la liberté d'expression et devons la chérir ?

Disons-le sans délai, si nous chérissons la liberté d'expression, ce n'est pas parce qu'elle reconnaît à chacun le droit de s'exprimer. La liberté d'expression est un droit de l'homme, mais non pas au sens tout narcissique que nous sommes venus à attacher à ce concept, où seuls importent l'expression de soi, le droit de dire ce que l'on « pense », c'est-à-dire ce qui passe par la tête. Cette liberté ne nous intéresse guère, elle n'est pas ce qui nous rend précieux l'existence d'un espace public où les opinions et les idées circulent sans entraves, même si, que le lecteur se rassure, je ne demande nullement qu'on la bride ni ne la réprime ! Lorsque nous n'avons rien à dire, lorsque nous ne *pensons* rien au sens fort du terme, ou lorsque nous pensons simplement comme « on » pense – et telle est notre condition première, là encore l'allégorie de la caverne nous peint – est-il si nécessaire de le faire savoir ? La seule parole publique légitime, et intéressante pour le reste des hommes, est celle qui s'élabore soigneusement dans le silence et la retraite du foyer, celle qui peut prétendre véritablement jeter quelque éclairage inédit sur le réel – mais je sais que c'est là placer la barre très haut et qu'à ce titre peu survivraient !

Ses plus profonds théoriciens sont anglais, Milton et Stuart Mill, mais c'est peut-être en France que leur bel et définitif éloge de la liberté d'expression a trouvé une de ses plus intenses traductions. Cet état de perpétuel dialogue qui nous caractérise l'exige. Nous avons, nous autres Français, à son endroit une sorte de devoir, nous qui, longtemps, avons incarné aux yeux du monde entier la liberté : « Il y avait cette pensée française, rappelle, en 1946, Bernanos, partout confondue avec la liberté de pensée. »

La liberté d'expression, devenue clochette tintinnabulante, reçoit grâce à Stuart Mill notamment, un sens autrement rigoureux, vigoureux et noble que celui que nous autres, hommes du XXIe siècle, sommes venus à lui attacher. Il ne s'agit pas de réclamer le droit à la parole immédiate, brute, informe, non plus le droit, tout narcissique, de s'exprimer, mais le droit à la recherche en commun de la vérité, du juste, du bien. L'exigence de libre communication des pensées et des opinions a pour fondement la faillibilité humaine et est aiguillonnée par l'espoir d'approcher davantage du vrai, de faire les choix les plus droits.

Tout est toujours à redire, disait Bainville. De fait, et sur ce chapitre, il ne reste qu'à glaner sur Aristote : de même qu'« un repas où les convives apportent leur écot est meilleur qu'un simple repas offert par une seule personne », la Cité sera d'autant plus équitablement réglée que les décisions y sont le fruit de la délibération en commun. Belle analogie que celle proposée par Aristote du repas pris en commun pour fonder la légitimité de la pluralité des opinions. Bref, le démocrate est modeste, « il reconnaît qu'il a besoin de consulter les autres, de compléter ce qu'il sait par ce qu'ils savent », écrivait Albert Camus, dans un texte dont le titre nous semble destiné, « Réflexions pour une démocratie sans catéchisme ». Milton parlait, à propos des maîtres-censeurs, d'une tyrannie de l'arrogance. Nous y sommes.

Si l'espace public, *a fortiori* au temps des réseaux sociaux, devient le lieu d'affrontements stériles, d'anathèmes et autres combats de coqs, là n'était pas sa fonction originelle. Il faut relire Jean-Pierre Vernant sur ce point. Lorsque l'espace public se dessine en Grèce, c'est précisément comme lieu de confrontation et d'argumentation : il s'agit de rendre compte de ce que l'on affirme, « se prêter à critique et à controverse ». « Les règles du jeu politique – la libre discussion, le débat contradictoire, l'affrontement des argumentations contraires » acquièrent de surcroît une portée normative, montre bien l'auteur de *Mythe et pensée chez les Grecs*. Ces règles « s'imposent comme règle du jeu intellectuel ». L'espace public est ainsi ce lieu où les idées formées dans la retraite et la solitude du foyer se risquent à l'épreuve du jugement d'autrui et courtisent l'assentiment d'autrui. Et c'est bien ainsi que les hommes du XVIIe et du XVIIIe siècles l'entendront et la défendront.

La liberté d'expression, en sa fière origine, n'était pas revendiquée pour permettre à chacun de dire ce qui lui passe par la tête, dans la spontanéité du moment et l'impétuosité de ses désirs et colères. Son fondement ontologique doit être rappelé : s'il convient de disposer d'un espace public où, librement, les points de vue doivent pouvoir se confronter, c'est que les questions qui concernent le domaine des affaires humaines ne sont pas d'ordre technique ou mathématique. Il n'est pas de spécialistes, pas d'experts de la chose commune ; nul ne peut prétendre détenir la « solution » et l'imposer à tous, parce que ce schéma du problème qui appelle sa solution est dépourvu de pertinence dès lors qu'il s'agit de l'humaine nature et condition.

Si l'on tient à parler le langage des droits de l'homme, disons de la liberté d'expression qu'elle est une nécessité pour l'homme en tant qu'il aspire au Vrai, au Bien, au Juste et que, créature, faillible, ne pouvant prétendre en être le confident ou le dépositaire, il a besoin d'un espace où il pourra rendre publiques, exposer, soumettre à ses semblables, les pensées forgées dans le dialogue avec lui-même.

La « libre circulation des pensées et des opinions » comme le disait, de manière autrement plus heureuse car plus rebelle à toute captation subjectiviste et narcissique, la Déclaration des droits de l'homme et du citoyen de 1789, est un besoin pour la pensée, pour la vérité, pour le réel. « La liberté est la nourrice de toutes les grandes intelligences », plaidait Milton.

L'absolu n'est pas de ce monde et nous sommes voués à la conversation – mais loin d'y voir une faille, voire un châtiment, plaisons-nous, avec Lessing et la parabole des trois anneaux, à ce donné de l'humaine condition. Sachons nous réjouir de ce que nul ne pouvant s'ériger en détenteur du Vrai, jamais la conversation ne connaîtra de fin.

Pas de vérité révélée, pas de parole d'autorité – « ni la Constitution ni la Déclaration des droits ne seront présentées à aucune classe de citoyens comme des tables descendues du Ciel qu'il faut adorer et croire », écrivait Condorcet –, seule une vérité argumentée a ici droit de cité, et de la qualité de l'argumentation procède la qualité de la conversation civique. On ne dirige pas les esprits autrement que par les ressources de la langue.

La première vertu de la conversation, civique comme amicale, avant même celle de conduire l'interlocuteur à réviser ses convictions, est d'obliger chacun à exposer ses raisons. Ce que, dans une lettre à Flaubert, George Sand énonce avec éclat : « Ça ne fait pas qu'on se change l'un l'autre, au contraire, car en général on s'obstine davantage dans son moi. Mais, en s'obstinant dans son moi, on le complète, on l'explique mieux, on le développe tout à fait, et c'est pour cela que l'amitié est bonne, même en littérature. » De surcroît, une vérité qui ne s'expose pas n'en sort en aucune façon fortifiée, au contraire. « On la professera, met en garde Stuart Mill, comme une sorte de préjugé sans comprendre ou sentir ses principes rationnels, si elle ne peut être discutée vigoureusement et loyalement », elle aura perdu sa « puissance vitale ».

V

Le génie français de l'incarnation

Catéchisme républicain, est-ce ainsi que les hommes vivent ?

Réalité cruelle peut-être, mais criante, à laquelle il est grand temps de consentir. Invoquer *ad nauseam* la République ; égrener, tels les grains d'un chapelet, notre universalisme, notre laïcité, les *valeurs* républicaines, ainsi que nous le faisons depuis plusieurs décennies, c'est de toute évidence se condamner à l'impuissance. Les faits sont là : les croisés du wokisme n'ont guère été arrêtés dans leurs avancées triomphantes par cette litanie vertueuse. Nous ne pouvons plus nous contenter de faire tintinnabuler ces clochettes qu'on voudrait, qu'on aimerait croire pavloviennes, c'est-à-dire propres à déclencher des réactions de rejet automatiques.

Non qu'il ne faille pas défendre ces principes constitutifs du modèle républicain à la française, je les tiens au contraire pour extrêmement précieux et féconds précisément parce qu'ils font le pari de la liberté du pas de côté. Mais tels qu'ils sont agités actuellement, on ne peut que comprendre qu'ils échouent à attacher – dans tous les sens du terme, et d'abord affectif – quiconque à notre modèle. Un peuple, c'est sans doute des valeurs, mais c'est d'abord un mode de vie, des mœurs, des paysages, une histoire.

Nos républicains, nos fiers universalistes mobilisent la République pour s'éviter d'avoir à convoquer la France dans son épaisseur historique, catholique, monarchiste, aristocratique. Subterfuge qui n'avait pas échappé à l'acuité de Maurice Agulhon, homme de gauche s'il en est : « "République" est une valeur, "républicain" une épithète qui légitime. Placé devant des troubles, un ministre de l'Intérieur français résolu à rétablir l'ordre hésitera souvent à dire : "Je vais maintenir l'ordre", parce que "l'ordre" tout seul a des résonances conservatrices ; il dira donc "je vais défendre l'ordre républicain", parce qu'il va de soi que l'ordre est une bonne chose dès lors qu'il est celui du régime idéal [...] telles sont en France les conventions de langage et de pensée. » La patrie reste désespérément le point de douleur de la conscience dite progressiste.

Il est un écueil sur lequel les premiers républicains se sont brisés et sur lequel tendent à se briser aujourd'hui encore les tenants de la seule République. Ils postulent qu'un homme véritablement homme, véritablement éclairé devrait pouvoir se passer d'appartenances, d'ancrages, d'imaginaires, d'affects et vivre selon l'ordre de la seule raison – une raison qui, étant la chose du monde la mieux partagée, permettrait à tous les gars, et toutes les filles, du monde de se donner la main.

Aux yeux de ses doctrinaires, les vertus émancipatrices de la République tiendraient à ce que, exigeant des citoyens qu'ils *s'abstraient* de leurs particularités, elle les délierait de leurs chaînes et les entraînerait sur le chemin de la liberté. La République serait libératrice en cela qu'elle *forcerait* en somme les individus à être libres.

Nous demeurons, plus exactement nos républicains universalistes demeurent, tributaires du péché originel de la modernité et du progressisme qui est d'avoir prêté des vertus émancipatrices à la désaffiliation et à la déliaison.

La République française n'a été grande et forte, et heureuse – que l'on songe aux débuts de la IIIe République et à ceux de la Ve –, que lorsque l'épithète a investi le nom, lorsque la France, son histoire (qui ne commence pas en 1789), sa langue, sa littérature lui ont donné une profondeur temporelle et une étoffe charnelle. Lorsque l'élément abstrait – les « valeurs », l'universalisme, l'individualisme – et l'élément concret ont joué de concert. Belle alchimie qui a conditionné, comme l'a établi soigneusement et rigoureusement Mona Ozouf, l'acclimatation de la République en France.

Et ce pour une raison évidente qui doit aujourd'hui nous inspirer : la France a alors acquis une réalité irréductible à aucune des parties en présence, une vieille collectivité cimentée par des siècles de civilisation commune, elle n'était pas ni monarchiste ni révolutionnaire, elle était au contraire et monarchiste et révolutionnaire, un tissu de contrariétés, selon le mot de Thibaudet, de quoi nourrir la veine épique et le besoin humain d'histoires.

La question n'est pas de savoir si, pour prendre cet exemple, dans la figure de Jeanne d'Arc, le citoyen français noir de peau et/ou de sexe masculin « se retrouve ». L'identité, le sentiment national est un processus d'identification, en première personne, à une histoire dont nous ne sommes pas les auteurs. Être français, c'est, selon le mot célèbre de l'historien Marc Bloch, vibrer également au souvenir du sacre de Reims et à celui de la Fête de la Fédération.

On ne fabrique pas des Français avec le piquant du vinaigre et le venin des pensées de prétoire.

Ni homme, ni femme, ni catholique, ni protestant, ni juif, ni musulman, ni blanc, ni noir, ni jaune... « Bienheureuse abstraction », selon l'expression de Mona Ozouf, que la conception républicaine de la citoyenneté, bienheureuse en effet en cela qu'elle mise sur la liberté du pas de côté lové en chaque individu, qu'elle éperonne cette liberté, rappelle chacun à la capacité proprement humaine de se décentrer, d'élargir son esprit à une réalité plus vaste que celle de ses seuls intérêts privés et immédiats. La citoyenneté peut-être dite émancipatrice non en cela qu'elle délie *absolument* l'individu, c'est-à-dire le détache de tout lien, elle le délie de lui-même, de ses appartenances les plus privées et surtout privatives afin de lui permettre de se lier, de s'attacher à la communauté historiquement constituée qu'est la patrie dont il est sociétaire et citoyen.

C'est cela qu'il faut impérativement faire entendre à nos contemporains : ce n'est pas d'être toujours et partout le même qui fait la noblesse et la saveur d'une vie. Être soi-même n'est pas le fin mot de l'existence humaine.

Notre citoyen est bien citoyen *français*, sa responsabilité est circonscrite. Il ne délibère pas, ne légifère pas dans l'abstrait et pour l'humanité. C'est bien de la France, de son présent, de son avenir, mais aussi de son passé, qu'il a à *répondre*. Ses choix, ses décisions, ses actes sont ordonnés à la communauté historiquement constituée dont il est membre. Le citoyen n'a pas en vue ses seuls contemporains ni son seul présent, il regarde en arrière, il se sait et se tient pour l'obligé de ceux qui ont donné à la France sa forme et sa physionomie, mais il regarde également du côté de ceux qui viendront après lui, auquel il doit transmettre l'héritage, tel qu'il l'a reçu, enrichi et non diminué, amputé. La politique relève d'une forme de transcendance.

Tenaille identitaire, disent-ils ? Funeste équivalence !

En renvoyant dos à dos les identités particulières et l'identité nationale, en pensant qu'il suffira d'invoquer la République, l'universalisme, la laïcité pour triompher des offensives diversitaires, de la tyrannie qu'exercent les minorités et la diversité, les tenants de la thèse d'une tenaille identitaire non seulement méconnaissent l'homme, mais ils manifestent une redoutable, et coupable, impuissance à comprendre le terreau sur lequel l'idéologie identitaire a prospéré.

Ils méconnaissent l'homme, la réalité des hommes et des peuples en cela qu'ils rechignent à faire droit à ce que Simone Weil avait identifié comme besoin fondamental de l'âme humaine, l'enracinement que nous avons détaillé plus haut, et non d'ailleurs l'identité – mot que la philosophe n'utilise guère.

C'est d'abord de récit, de narrativité, de réalités sensibles, concrètes, charnelles que l'âme humaine a besoin. Ceux-ci composent la vie morale, intellectuelle, spirituelle de l'individu. De ce besoin d'histoires, de narrativité, Régis Debray se fait le penseur et le chantre depuis des années. La République sans la France ? Invocation sans évocation. La laïcité ? « Concept sans affect » dépourvu de ce « pouvoir catalyseur » et de cette « charge d'imaginaire et de mémoire qu'il faut à un principe de communion pour faire battre les cœurs et galvaniser les corps ».

En se refusant à prendre au sérieux et en charge le besoin d'inscription et de participation à une réalité charnelle, les tenants de la seule République se condamnent, et nous condamnent à voir les identités particulières proliférer et se fortifier. Erreur qui pourrait nous être fatale. C'est en effet sur le retrait, l'effacement et la disqualification de l'identité française, de la personnalité française et le vide ainsi creusé qu'ont proliféré les identités particulières. Simone Weil décrit souverainement ce processus : lorsqu'il ne reste rien que « le froid métallique de l'État » alors, les hommes et les peuples, « affamés d'aimer quelque chose qui soit fait de chair et de sang » tournent leurs fidélités vers tout ce qui possède un semblant de palpitation. Ce n'est pas en nous reniant comme personnalité qu'on pourra inspirer le désir de sortir des identifications communautaires. « L'adhésion intellectuelle à des principes abstraits – droits de l'homme, respect de l'État de droit – ne saurait remplacer [...] la mobilisation affective que suscite l'intériorisation de la tradition nationale », rappelle ainsi Dominique Schnapper dans *La Communauté des citoyens*. Ignorer cette donnée anthropologique essentielle, la conspuer même, laisse le champ libre à tous les bonimenteurs d'identités souffrantes.

« Ils se sont faits dévots de peur de n'être rien », disait Voltaire. Dévots, c'est-à-dire aujourd'hui musulmans et islamistes, mais femmes, mais homosexuels, lesbiennes, transgenres, noirs, bref, ils se sont donné cette identité, cette histoire, ce récit que la République et l'école de la République ne leur racontaient plus et ne leur donnaient plus à connaître. « La peur de n'être rien », tel fut le fruit le plus assuré de la pédagogie progressiste des années 1970 qui, avec l'alibi de la liberté de l'enfant, de sa créativité originelle et d'une mauvaise conscience qui commençait de gagner les esprits, a délesté les adultes – parents, professeurs, éducateurs en charge des nouveaux venus dans le monde – de la tâche de transmettre la civilisation, avec son histoire, sa physionomie particulière et unique dans laquelle ils entraient en naissant ou par le hasard des commotions historiques.

Péril en la demeure de la civilisation et de sa continuité historique ; péril en celle de l'enfant, incarcéré dans la prison du présent, triste individu enchaîné à l'image de l'homme de Platon, abasourdi des échos sonores dont résonne la caverne, livrés pieds et poings liés à ceux qui parlent le plus fort, et promettent le plus.

Il est essentiel de comprendre que les idéologies identitaires se sont multipliées et accrues à la faveur de ce retrait en rase campagne de la France. Elles sont venues habilement et salutairement, diront ceux qui les embrassent, remplir ce vide identitaire que nous avons creusé. En niant et en conspuant le besoin d'identité, d'histoires, de chez soi, nous leur avons abandonné les nouveaux venus dans la double acception de l'expression – nouveaux venus par la naissance et nouveaux venus par les tribulations de l'histoire, âmes errantes en quête de port d'attache.

Prenons l'exemple du néo-féminisme : il est doux, par exemple et pour paraphraser Musset, de se croire victime des hommes, victime d'une société patriarcale, victime de préjugés sexistes, quand on n'est que vide et ennuyée. Là est d'ailleurs la force des idéologies identitaires, et leur double force : non seulement elles confèrent une identité, mais qui plus est, une identité de victime. Or, prestige suprême, ainsi que l'avait magistralement analysé René Girard, et ce dès 1999, alors que le phénomène n'en était qu'à ses prémisses. « Grande première anthropologique », décrivait le philosophe, que cette transposition de « tous nos conflits dans le langage des victimes innocentes ». Et le penseur de peindre l'atmosphère dans laquelle nous commencions de baigner : « Au tympan de certaines cathédrales figure un très grand ange muni d'une balance. Il pèse les âmes pour l'éternité », aujourd'hui, si l'on s'avisait d'illustrer les forces qui mènent le monde, « au fronton de nos parlements, de nos universités, de nos palais de justice, de nos maisons d'édition, de nos stations de télévision », figurerait « un pèsement des victimes qu'on sculpterait ».

Noble disposition assurément que d'être attentif au sort des faibles, mais Girard mettait en garde : dans des sociétés telles que les nôtres, façonnées par le christianisme, la victime s'impose comme cause péremptoire, impossible à discuter, à contester. Nouvel absolu – observe le philosophe corrigeant au passage le poncif selon lequel nos sociétés en seraient désormais dépourvues – avec ce que cela a de tyrannique. Et Girard de mettre alors, c'est-à-dire il y a plus de vingt ans, en garde contre les conséquences funestes d'une telle exaspération : « La surenchère perpétuelle transforme le souci des victimes en une injonction totalitaire, une inquisition permanente. » Cassandre est vérifié !

Autre vertu de la victimisation pour ceux qui en exploitent allègrement le filon, formidablement mise en lumière par Henry James dans *Les Bostoniennes* : légitimer les revendications les plus exorbitantes. Les sociétés occidentales, et singulièrement la société française, grande fabrique de victimes devant l'éternel, auraient contracté de telles dettes envers chacune de ses victimes, que celles-ci seraient comme autorisées à tirer des traites sans fin sur le capital occidental et en l'occurrence français. Dette d'une ampleur telle que jamais le crédit n'en sera épuisé.

C'est donc bien ce terrain de l'identité ou de la narrativité, si l'on préfère, qu'il nous faut réinvestir. Il faut redonner à la France son caractère haletant, ses figures d'incarnation et cela passe par une véritable instruction, par une école indifférente, souverainement, suprêmement, indifférentes aux « identités ». Une école qui se souvient de Jaurès rappelant aux instituteurs qu'ils avaient en leurs mains « l'intelligence et l'âme des enfants » et la responsabilité de la patrie, de sa continuité historique autrement dit. Et Jaurès de distinguer trois niveaux, soit trois hommes, en chaque élève – quand nous n'en voyons qu'un, enfoncé dans la matière de son moi et que nous prenons bien soin de l'y tenir enfoncé – et de scander avec une clarté et une netteté de vue qui nous font cruellement défaut la triple ambition de l'institution scolaire : « Ils sont français et ils doivent connaître la France, sa géographie et son histoire : son corps et son âme » ; « Ils seront citoyens, ils doivent savoir ce qu'est une démocratie libre, les droits que leur confère et les devoirs que leur impose la souveraineté de la nation » ; « Enfin, ils seront hommes, il faut qu'ils aient une idée de l'homme, il faut qu'ils sachent quelle est la racine de nos misères [...] quel est le principe de notre grandeur ».

Plutôt que de fabriquer des armées de révoltés et de procureurs de la France – propension première qui n'a nul besoin de maître –, ayons à cœur de former des âmes incarnées, d'étayer d'infinies nuances le vocabulaire de leur intelligence et de leur sensibilité. L'esprit critique n'est pas l'indignation, il est l'esprit d'examen, lequel ne va pas sans une langue riche et variée et l'apprentissage d'un raisonnement structuré, capable de tours et de détours.

Je l'ai dit, nous avons dans le baluchon de notre histoire de quoi faire rentrer dans leur lit ces identités multiples et privatives qui fondamentalement n'intéressent personne, à condition toutefois de : 1. Briser le démagogique mantra de la nécessité de « se retrouver » comme femme, comme noir, comme homosexuel dans toute histoire et dans toute œuvre. 2. Rendre à la France sa personnalité afin qu'elles vivent d'une vie propre, d'une vie irréductible à la somme des parties qui la composent, irréductible aussi à la froideur métallique des valeurs.

Il nous faut le marteler : nul, à proprement parler, ne *se retrouve* dans la vie de Saint Louis, de Jeanne d'Arc, de Napoléon, mais chacun y *trouve* en revanche l'étoffe dans laquelle est taillée l'histoire de la France. Et c'est en assimilant ses épopées, ses discours, ses échecs et ses erreurs aussi, et non le sexe, la sexualité, la couleur de peau de ses acteurs, que l'on devient français.

Être français, c'est la belle et généreuse et exaltante occasion de vivre d'une autre vie que la sienne propre, mais cela suppose de rendre vigueur, vitalité, éclat à la personnalité française. L'histoire de la France a certes été faite en grande partie par des hommes blancs, mais s'ils sont demeurés dans les mémoires, ce n'est ni parce qu'ils étaient blancs, ni parce qu'ils étaient hommes, mais bien par et pour leurs actions. L'identité personnelle comme collective est narrative. À la question qui êtes-vous ?, je l'ai dit, il n'est qu'une réponse : « Laissez-moi vous raconter une histoire ».

La citoyenneté à la française : vivre une autre vie que la sienne

Je ne me range pas parmi les contempteurs de la République française qui lui reprochent son abstraction, pour la simple raison que c'est un faux procès qui lui est intenté. C'est ne voir qu'un versant des choses, ou bien confondre ce que la République est en théorie et seulement en théorie ou bien encore s'en tenir à ce qu'elle est venue signifier depuis les années 1970 et telle que la comprennent les universalistes républicains.

Si la République française délie l'individu de ses attaches premières et particulières, ce n'est là qu'une première étape, ce n'est pas pour le jeter dans un grand vide identitaire. Elle le libère de lui-même (et d'abord, d'ailleurs, de ses pulsions, de ses appétits) afin de le rendre libre pour une réalité plus vaste que la sienne, celle de la communauté historiquement constituée, sédimentée dans laquelle il entre par la naissance ou par les hasards et épreuves de la vie, et dont il est appelé à devenir sociétaire et citoyen.

Ce qui explique le rôle central qu'occupe l'école dans le dispositif républicain à la française. C'est à elle qu'il appartient de donner à connaître et à aimer les éléments constitutifs de cette civilisation, son histoire, sa langue, et une langue dont les infinies ressources se découvrent et s'illustrent dans la littérature.

Ce n'est pas un jeu à somme nulle : si la France demande à chacun de laisser au seuil de sa vie privée ses identifications premières, c'est pour l'inviter à prendre part à une autre vie que la sienne, celle de la patrie dont il est membre.

Libérer l'individu de lui-même, de ses appartenances premières, ai-je écrit. Est-ce à dire que les esprits républicains français tendent fâcheusement à regarder les communautés premières d'appartenance – la famille, l'Église, le village, etc. – comme des prisons, de ces geôles dont des hommes réellement libres, émancipés se détacheraient ?

Ne versons pas dans l'irénisme, « l'arrachement » jouit d'un indéniable prestige auprès des premiers républicains et de leurs descendants. « La dissolution de tous les liens antérieurs à la citoyenneté » est bel et bien regardée comme un préalable à l'avènement de la République : « La métamorphose d'un royaume en patrie républicaine, du sujet en citoyen, [ne pouvant, selon eux, s'opérer] qu'au terme d'un renoncement ascétique aux attaches singulières. » Citons, toujours avec Mona Ozouf, les mots, terribles car témoignant d'un refus opiniâtre de compter avec l'humaine nature et condition, de Louis Blanc célébrant dans la Fête de la Fédération « l'arrachement des hommes à leur environnement villageois, “à la cloche qui sonne la naissance de leurs enfants, à la croix de bois qui protège la cendre de leurs aïeux” ».

Ces républicains font fausse route et, en dépit d'une idée puissamment ancrée, cette République-là, abstraite et ignorante de la réalité humaine, a bien tenté de s'imposer, mais elle n'a pas pris en France, elle s'est heurtée à la réalité des hommes et des peuples. Le régime républicain n'a pu s'établir dans notre vieux royaume qu'en renonçant à ces coupes draconiennes. Les fondateurs de la IIIe République comprendront qu'on ne taille pas dans la vie des hommes sans les mutiler et sans se les aliéner. « Je suis l'élu d'un peuple, écrira magnifiquement Jules Ferry à son épouse en juin 1877, qui fait des reposoirs, qui tient à la République, mais qui ne tient pas moins à ses processions ».

L'émancipation est un noble projet s'il s'agit de libérer l'individu de ses appétits, de son immédiateté, des déterminismes économiques et sociologiques, mais elle n'est pas une fin en soi et elle ne saurait être absolutisée. Or, tout lien tend à être regardé par nos républicains comme une entrave, une chaîne.

Accordons également que notre laïcité témoigne d'une certaine méfiance à l'endroit de la religion. Nous inclinons à voir dans les appartenances confessionnelles des brandons de discorde, d'où leur confinement dans la sphère privée. L'anticléricalisme français, pétri de voltairisme, n'est pas seul responsable, les guerres de religion du XVIe siècle ont profondément affecté et imprégné l'âme française. Et somme toute, à l'heure d'un islam conquérant et vindicatif, la laïcité nous est une arme, nullement toutefois un principe de cohésion. On doit respecter la laïcité, on ne peut l'aimer. De surcroît, la laïcité se perd et nous perd lorsqu'elle conduit à établir un signe d'égalité entre les religions, lorsqu'elle nous condamne à oblitérer la réalité historique de la France qui est bel et bien *un pays de tradition catholique*. On ne gomme pas impunément la mémoire chrétienne de l'Europe. Relisons les mots de Milan Kundera rappelé à cet ancrage par l'acharnement du stalinisme à l'effacer : « Nous tous, croyants ou incroyants, blasphémateurs ou dévots, écrit-il dans *Les Testaments trahis*, appartenons à la même culture enracinée dans le passé chrétien sans lequel nous ne serions qu'ombres sans substance, raisonneurs sans vocabulaire, apatrides spirituels. »

La République française fait assurément le pari de la liberté, mais d'une liberté du pas de côté et non de l'arrachement, contrairement à ce que ses détracteurs ont tenté de faire accroire, contrairement aussi et à ce que certains de ses derniers apôtres exaltent. On se souvient des propos de Vincent Peillon en 2012, alors ministre de l'Éducation nationale, qui donnait pour *finalité* à l'école d'« arracher l'élève à tous les déterminismes familial, ethnique, social, spirituel ».

L'expérience des quatre ou cinq dernières décennies nous a instruits : cette République abstraite ne libère pas les individus, elle les vide de toute substance et les livre pieds et poings aux maîtres de l'heure. L'individu « arraché à tous les déterminismes », lavé comme une grève, selon l'image empruntée à Baudelaire à laquelle j'ai eu recours lorsque j'ai évoqué la pédagogie progressiste, est la proie idéale des idéologies identitaires et diversitaires.

La République française, la République *à la française*, car là est sa singularité, ne veut rien savoir du sexe qui est le vôtre, de la sexualité qui est la vôtre, du Dieu auquel vous croyez, ou ne croyez pas d'ailleurs, des origines ethniques de votre famille, tout cela lui est indifférent, non parce qu'elle se délecte des âmes creuses, mais parce qu'elle regarde la France elle-même comme une personne.

Précisons d'ailleurs que ce ne sont pas les identités au sens des individualités, des personnalités qui nous sont indifférentes, au contraire, car notre pays en est prodigue, comme l'avait observé et analysé ce pénétrant observateur de la France qu'était Nietzsche.

Relevant une des contradictions les plus piquantes de notre pays : avoir « produit les types les plus accomplis de la chrétienté » et avoir, « inversement, engendré les types les plus achevés de la libre pensée antichrétienne », dans une de ces fulgurantes intuitions dont il a le génie, Nietzsche propose comme clef de l'énigme notre art d'engendrer des âmes singulières : « En France, décrit-il, l'esprit libre luttait toujours avec de grands hommes et pas seulement avec des dogmes, comme les libres esprits des autres peuples. » Et si les Français ont pu légitimement être qualifiés de « peuple le plus chrétien de la Terre », ajoute Nietzsche, ce n'est pas tant que « la foi des masses y ait été chez eux plus grande qu'ailleurs, mais que les idéaux chrétiens le plus ardus se sont incarnés chez eux en des hommes et ne sont pas demeurés simples représentations, ébauches, velléités » et le philosophe de citer, Pascal, Fénelon, Madame de Guyon, les gens de Port-Royal.

Ce qui nous indiffère, c'est l'individu comme simple exemplaire, strict représentant de son groupe. Une civilisation digne de l'homme est celle qui permet à chacun d'être la personne unique, irréductible à tout autre, qu'elle peut être.

Apprendre à lire, explique le philosophe Claude Lefort, ne signifie pas simplement pour l'enfant acquérir une technique, mais « se confronter à un univers de signes qui lui préexiste » et « affronter l'épreuve dans laquelle se donne une norme du langage », distincte de celle du parler oral. L'apprentissage de la lecture en ce sens, en tant qu'expérience symbolique et normative, marque une étape décisive dans la constitution du sujet. Lefort invite à cultiver et à flatter chez l'enfant le goût et « le plaisir du bien-lire », car c'est l'introniser en obligé d'un héritage. Le plaisir qu'il éprouve est jouissance de *servir* le texte.

Apprendre l'histoire, apprendre l'histoire du pays dont on est appelé à devenir sociétaire et citoyen, c'est de la même manière se confronter à un univers de signes préexistant et en se l'appropriant, prendre part à une réalité plus vaste que la sienne, bref vivre d'une autre vie que la sienne. Telle est la promesse que porte, et qu'a longtemps tenue, le modèle français, c'est ce que je m'efforcerai de faire rayonner dans les pages qui suivent contre le rétrécissement, l'aplanissement, l'encerclement ambiant.

Il est trois sphères de l'existence où il est donné à l'individu d'être plus que soi-même, de former, de développer, de cultiver des facultés et des dispositions qui font sa grandeur et qu'une vie réduite à soi et à la chaleur des siens ne sollicite pas : la vie politique, la vie religieuse, la culture.

La clef est là, dans cette phrase de Simone Weil : « Il y a une certaine partie de l'âme et certaines manières de penser et d'agir qui ne peuvent exister que dans le milieu national », écrit la philosophe renouant avec l'idée des Anciens. Elle fera du devoir de l'État de faire sentir que la patrie est pourvoyeuse de vie.

Pour ne pas abandonner les individus aux idéologies identitaires, lesdits républicains doivent renouer avec l'anthropologie pré-moderne d'un individu qui n'entre pas tout armé dans la société. Si l'enracinement est le besoin le plus fondamental de l'âme humain, ainsi que l'a souverainement établi Simone Weil, c'est que « l'individu *reçoit* la presque totalité de sa vie morale, intellectuelle, spirituelle par l'intermédiaire des milieux dont il fait partie » – la presque totalité de sa vie morale, intellectuelle et spirituelle, ce qui n'est pas rien.

Ces milieux se conjuguent au pluriel – depuis la famille, le village, l'Église, plus tard, le métier et les associations auxquelles on peut prendre part –, comme les racines par conséquent : « chaque être a besoin d'avoir plusieurs racines », sa vie en sera d'autant plus variée, plus dense, plus riche, plus fertile. Chaque collectivité est riche de trésors qu'elle maintient vivants, d'histoires qu'elle raconte et ainsi transmet ; chacune forme et cultive les dispositions, les facultés qu'elle requiert et qui peuvent demeurer sans usage dans les autres.

Aucune n'est exclusive des autres, mais aucune non plus ne saurait être regardée comme suffisante en elle-même. Il n'y a pas de conflit de loyauté. Les attachements, les fidélités ne jouent pas les unes contre les autres, au contraire, elles se complètent, se contredisent peut-être, mais la contradiction est féconde.

L'homme n'est pas vainement dit animal politique : il réalise, il accomplit dans la participation à la vie de la Cité une part essentielle de son être. C'est pourquoi, pour Benjamin Constant, le régime politique le meilleur est celui qui sait l'art d'articuler la liberté des modernes – la liberté d'être libre de la politique, de jouir d'une arrière-boutique toute nôtre où ni l'État ni la société ne pénètre – et la liberté des anciens – la liberté de prendre part à la chose commune.

La liberté moderne menace les hommes, l'humaine nature, d'un danger qu'elle sécrète elle-même. Les modernes pourraient bien céder à la tentation de se laisser « absorb[er] dans la jouissance de leur indépendance privée et dans la poursuite de leurs intérêts particuliers », le calcul de leurs biens et l'obsession de leurs droits, pourrait-on ajouter aujourd'hui. Tout libéral qu'il soit, Constant, comme Tocqueville au demeurant – car, soit dit en passant, c'est cela la noble tradition libérale *à la française* – a une conscience très vive de l'atrophie et de la perte que signifierait la réduction de l'existence humaine à une vie centrée sur soi. L'un comme l'autre redoutent que les instincts les plus vils triomphent des virtualités les plus nobles du cœur humain.

Constant ne peut se résigner à une vue si étroite. L'être humain est voué à de plus nobles tâches et fins et le contrepoids se trouve dans la participation à la chose commune : « C'est au perfectionnement de notre nature que le destin nous appelle, proclame l'héritier des Lumières, et la liberté politique est le plus puissant, le plus énergique moyen de perfectionnement que le Ciel nous ait donné » en cela que, « soumettant à tous les citoyens, sans exception, l'examen et l'étude de leurs intérêts les plus sacrés, [elle] *agrandit leur esprit, anoblit leurs pensées* ».

Et Constant de conclure son discours par un magnifique plaidoyer en faveur de la conjugaison de la liberté des Modernes avec celle des Anciens : « Loin donc, Messieurs, de renoncer à aucune des deux espèces de libertés dont je vous ai parlé, il faut [...] apprendre à combiner l'une avec l'autre » ; « Voyez comme une nation grandit à la première institution qui lui rend l'exercice de la liberté politique régulier » ; « L'œuvre du législateur n'est point complète quand il a seulement rendu le peuple tranquille. »

La perte du sens du Bien commun ou de la chose commune, qui est irréfutable, est funeste pour la patrie, pour sa puissance, sa consistance, funeste pour son avenir, sa persévérance dans l'être, sa continuité historique, mais elle l'est aussi et ô combien pour l'individu.

La France a bien connu l'homme ou l'art de cimenter un peuple : Burke avait raison !

Il nous faut retremper notre plume dans l'encrier des fondateurs de la IIIe République qui, eux, n'ont pas nourri cette chimère d'un homme qui ne serait rien qu'un homme, d'un citoyen qui ne serait rien qu'un citoyen, d'un peuple qui ne serait cimenté que par la grâce, le miracle, des « valeurs », les vertus de la laïcité et de l'universalisme. Et ceux-ci, Jules Ferry notamment qui « arrive au pouvoir avec l'image obsédante de deux France hostiles l'une à l'autre », ainsi que le peint Mona Ozouf, ne craindront pas d'inscrire leurs pas dans ceux de Louis-Philippe et de Guizot qui eux-mêmes avaient misé sur la puissance des images et la vertu de l'histoire pour recoudre le manteau déchiré de la France post-révolutionnée.

Nos républicains anti-wokes d'aujourd'hui ne sauraient prétendre être les enfants de Jules Ferry ou de Gambetta, de ces hommes qui parviendront à acclimater la France à la République et par là même à rendre ce nouveau régime pérenne, précisément parce ce qu'ils auront compris que sur des abstractions on ne bâtit rien et surtout pas un peuple. On peut en effet dire des fondateurs de la IIIe République ce que Pascal disait du christianisme, qu'ils ont bien connu l'homme et infiniment mieux assurément que ses actuels défenseurs qui invoquent une République sans chair[1].

1. Ne versons toutefois pas, là encore, dans un irénisme qui n'aurait aucune prise sur la réalité : appareiller pour un monde nouveau délivré des chaînes du passé, très exactement d'un passé regardé comme chaînes, reste l'horizon des progressistes du XIXe siècle. Victor Hugo en sera le prophète et le chantre. Ce Hugo, intraitable amphibien, faisant,

Qu'on me permette un rapide retour en arrière car ce génie français, y compris républicain de l'incarnation, est non pas méconnu, mais rarement rendu à sa signification philosophique ou anthropologique et politique.

Le grand historien de l'art André Chastel l'observait. Nous avons tant mis l'accent sur notre rationalité que nous en sommes venus à méconnaître la part sensible de la France, ce que j'appelle le génie français de l'incarnation : « la manne d'objets et de formes, cet ensemble qui colore et rythme le pays, fonctionne dans la mentalité française comme un *subconscient*. Il n'affleure que rarement à la surface, décor implicite [...] de ce que se dit et de ce qui se fait, cadre non vu, refoulé, négligé en faveur de ce qui compte par priorité pour les esprits [...] les idées, les discours abstraits et les vues générales », regrettait l'auteur d'*Introduction à l'histoire de l'art français*. « Activité sans chroniques », écrivait-il encore, sans chroniqueur, sans historien, sans greffier.

J'entends sourdre les objections ! La France, le génie de l'incarnation ? La passion du sens et des sens ? Ce pays dont Descartes est le philosophe, Nicolas Poussin, le peintre et Le Nôtre, le jardinier ! Nous succombons à une conception dégradée du plaisir et aussi de l'homme.

---

magnifiquement, commencer l'humanité avec la transmission – « La première cabane bâtie installe la famille, mais l'animal aussi a son repaire où il met ses petits ; le premier champ dont l'homme hérite établit la différence ; la bête ne lègue pas sa tanière » – tout en s'impatientant, et furieusement d'un passé qui ne cesse de se rappeler aux vivants : « Ne nous lassons point de le répéter, s'enflamme-t-il dans les années 1860, le passé n'est pas assez passé. Il importe de le reconduire dans sa tombe. Il en sort par moments, et il se dresse tout debout, ayant à la main on ne sait quelle hideuse revendication de l'avenir. »

La patrie de Descartes, de Poussin, et de Le Nôtre a peut-être taillé ses jardins au cordeau, mais ce n'est pas contre la sensibilité, c'est au nom d'une sensibilité et d'un plaisir raffinés, subtils, délicats. « La musique française [...] c'est la clarté, l'élégance, la déclamation simple et naturelle ; la musique française veut, avant tout, faire plaisir. Couperin, Rameau, voilà de vrais Français ! » confirme Debussy ici par ses propos et partout par son œuvre, emplie de sensualité harmonique. Fête pour l'œil, pour l'oreille, fête pour l'intelligence, telle est la qualité française. Lorsque nous disons « C'est beau ! », nous ne disons rien d'autre que « C'est vrai ! », « C'est bien ainsi que cela là est ! » L'œuvre perfore la réalité, elle est épiphanie du sens et les sens nous en avertissent. Et il faut n'avoir jamais lu le *Discours de la méthode*, que le philosophe lui-même nous propose d'appréhender « comme une fable », pour l'accuser d'aridité et de sécheresse. Lire Descartes est une jubilation, la langue y est étincelante, l'éloquence souveraine. Notre philosophe se fait « diplomate » en chef, ainsi que l'a montré Marc Fumaroli dans un magnifique texte, « La diplomatie au service de la méthode » : usant de toutes les ressources de la langue, il sait l'art de courtiser l'assentiment de son lecteur – et en premier lieu de ses lectrices qu'il juge plus libres, moins inféodées à la sclérose scolastique. Et si Descartes donne congé au sens dans une partie de son œuvre, ils font délicieusement retour dans son *Traité des passions* et surtout dans ses extraordinaires et très incarnés, et très concrets, et très humains échanges épistolaires avec Christine de Suède et Élisabeth de Bohême. On ne saurait non plus se débarrasser de Poussin en lui collant l'étiquette de peintre philosophe, autrement dit abstrait et aride, bref, réservé aux intellectuels. Il suffit de passer des heures dans la compagnie de son *Jugement de Salomon*, de son *Eliezer et Rebecca* et de ses *Quatre saisons* pour mesurer la vanité d'un tel verdict. Quant au jardin à la française, il faut ne s'être jamais promené à Versailles ou à Chantilly pour assimiler l'esthétique française à une froide géométrie. L'œil jubile, et avec lui, l'esprit. Les offenses faites aux sens sont des offenses faites à l'esprit. Une intelligence qui ne puise plus à la source vive de l'expérience sensible se voue à n'être plus que verbiage et bavardage. Revenons à notre République.

Que la République elle-même ait su prendre en charge le besoin humain, tout humain de réalités charnelles n'est pas ignoré par les historiens, et je songe tout particulièrement à Raoul Girardet qui a si bien analysé dans *Mythes et mythologies politiques* comment l'idéologie républicaine s'était faite mythologie revêtant une double fonction « explicative » et « mobilisatrice », mais malgré tout prévaut volontiers l'idée d'une République française désespérément abstraite (elle ne l'est réellement et cruellement que depuis les années 1970, depuis que l'école a renoncé à *raconter* et à transmettre l'histoire de la France) : « La République, surtout en France, se veut moderne, rationnelle, positive, dégagée des mythes et mystiques du passé », observe ainsi Maurice Agulhon dans *Marianne au pouvoir,* elle « est en principe un régime aniconique ». Mais *en principe* seulement, montre l'historien, car dans les faits, l'histoire s'est autrement écrite : très vite les hommes qui ont établi le nouveau régime ont eu « besoin d'élan affectif, de mystique et d'icônes » : « La République en chassant le roi (ou l'empereur) s'est privée du “chef” de l'État, en image comme en réalité », décrit Agulhon. « État sans monarque et sans armoiries historiques, la IIIe République aurait pu être un État sans visage », mais ses fondateurs eurent une conscience vive de ce que les hommes ne vivent pas selon des normes abstraites et que le sentiment national est sentiment. Et cette République « a pris le visage d'une femme », celui de Marianne.

L'universalisme, les valeurs, la laïcité ne sont pas le fin mot de la République française. Et l'importance de l'école comme lieu de transmission de l'histoire, de la langue, de la littérature le dit assez. J'ai cité le discours de Jaurès aux instituteurs : vous avez entre vos mains l'âme des enfants, et ces enfants sont, doivent d'abord être, français. Ils doivent pour ce faire apprendre l'histoire et la géographie. Le renoncement à former des Français, terreau fertile pour la prolifération des identités particulières, a une date de naissance : les années 1970 et la pédagogie progressiste congédiant et conspuant non pas seulement le roman national, mais le récit national.

Et ce en dépit des mises en garde, celle notamment, magnifique, de l'historien Fernand Braudel qui a toujours pris soin de distinguer entre l'enseignement de l'histoire dispensé à l'école et celui transmis à l'université : « Il est évident qu'une nation en train de se faire, ou de se refaire, n'est pas un personnage simple, "une personne" comme disait poétiquement Michelet. Elle est une multitude de réalités, d'êtres vivants que saisit mal le fil d'une histoire chronologique. » Toutefois, insiste l'historien, c'est seulement pour qui n'est plus un enfant » qu'une autre histoire doit prévaloir. Les jeunes générations ne sauraient être privées du « "feuilleton de l'histoire de France" appris par cœur, enfants, et non sans émoi, dans les pages inoubliables du Malet-Isaac[1] ». L'histoire-récit a toute sa légitimité devant des

1. Fernand Braudel, *L'Identité de la France*, Paris, Flammarion, coll. « Mille et une pages », 1990.

élèves de 6ᵉ : « J'ai toujours prôné, pour les *enfants*, un récit simple, des images [...] Je parle en connaissance de cause. J'ai été longtemps, comme tous les universitaires de ma génération, professeur de lycée et je réclamais toujours, à côté des classes terminales ou de concours qui m'étaient confiées, une classe de 6ᵉ, c'est-à-dire des enfants de dix à douze ans. C'est un public délicieux, spontanément émerveillé, devant qui on peut défiler l'histoire comme avec une lanterne magique. »

Mais revenons au génie français de l'incarnation. La France post-révolutionnée est la première à donner raison à Burke, contempteur de l'abstraction de 1789 et de son pathos de la table rase. Très tôt en effet, dès 1815, et sur ce point, il faut lire *Essais sur l'individualisme* de Louis Dumont, il devient évident que la consécration de l'individu par la Déclaration des droits de l'homme demande à être complétée : « Il est clair », écrit-il dans les pages qu'il consacre à ce qu'il appelle significativement « le contrecoup de la Révolution », « d'après les penseurs français de la période de 1815 à 1830 et au-delà, que la Révolution et l'Empire ont laissé derrière eux un vide que les meilleurs esprits s'occupent à essayer de combler ». On redécouvre alors l'homme comme être social et la société comme irréductible à un agglomérat d'atomes. Il va donc s'agir de donner une forme viable aux idéaux révolutionnaires en les inscrivant dans la réalité concrète des êtres humains. « L'époque *critique*, qui n'insistait que sur l'individu et la raison, doit faire place à une nouvelle époque *organique* », faire droit et place au sentiment et non à la seule raison, à la communion et non à la seule indépendance. L'âme humaine a besoin de réalités concrètes et charnelles.

Afin de cimenter ces particules élémentaires que sont les citoyens issus de la Déclaration des droits de l'homme, l'histoire s'imposera comme le meilleur liant. Cette étape, majeure, il revient à Louis-Philippe et à Guizot, historien nommé ministre de l'Instruction publique à partir de 1832, de l'accomplir. En effet, le moment décisif et proprement génial à cet égard, remonte aux années 1830.

Héritant d'une France divisée, fracturée, décomposée par la Révolution, la monarchie de Juillet va s'employer à recoudre les morceaux de la robe déchirée, à réconcilier les deux France, à refaire aux Français une âme nationale. « Un des traits les plus intéressants de l'orléanisme de juillet, relève François Furet, tient dans sa volonté d'opérer enfin la synthèse de l'histoire nationale. » Trait des plus intéressants et en rupture avec « la monarchie restaurée [qui] avait voulu refaire à la nation un passé sans déchirure autour des annales de la royauté légitime ». Or, observe encore l'historien, témoignant de sa profonde intelligence des choses humaines, en niant 1789, Louis XVIII et Charles X avaient mobilisé contre eux une chose plus redoutable, parce que plus universelle, que la haine des adversaires : « le sentiment du temps, le mouvement des esprits et des mœurs » qui étreignaient l'ensemble des Français.

La monarchie de Juillet ne se brisera pas sur cet écueil et mettra toute sa confiance dans la puissance évocatrice des images – au sens large, peinture et statuaire, on va le voir – afin de doter les Français d'un imaginaire commun. « Il faut donner quelque chose à aimer aux Français, et leur donner à aimer la France » : ces mots de Simone Weil résument parfaitement le dessein de Louis-Philippe. Assurément, et je ne l'ignore pas, il entre un intérêt tout personnel dans cette belle et noble entreprise : mal assis sur son trône (monarque et monarque issu de la branche cadette), Louis-Philippe est en quête de légitimation et s'il mobilise ainsi l'histoire, c'est afin de se donner une filiation, une tradition qui aurait valeur de consécration. N'exagérons toutefois pas cet aspect, l'heure est au peuple et à l'histoire. Et les historiens soupirent : Augustin Thierry déplore le « défaut d'une histoire nationale » ou Henri Martin regrette que la France « n'ait pas d'histoire nationale ». Or, ils auront audience auprès du roi-citoyen. Comme l'écrit encore François Furet : « Jamais régime n'a bénéficié de l'attention de tant d'historiens penchés sur son berceau. » Thierry, Barante, Michelet et Guizot, ministre de l'Instruction publique dont les prérogatives seront toujours plus vastes et qui va doter la France d'une formidable floraison d'institutions de mémoire. Ce siècle de l'histoire et des historiens, mise sur les vertus de mise en forme et en sens du récit – qui ne se confond pas fatalement avec le roman au sens péjoratif du mot, c'est-à-dire avec la fiction – pour forger une conscience nationale, mais aussi sur les vertus d'incarnation et de pédagogie des images et de la statuaire.

Notons que la France renoue ici avec la grande inspiration de l'Église catholique qui, afin de relever le défi que représente l'avènement du protestantisme, religion intellectuelle, afin de maintenir les âmes dans le giron du catholicisme, s'appuie sur le pouvoir des images, sur leur éloquence et leur force de persuasion et déploie ce que Michelet appelle une « théologie de l'appel des sens ».

Pour ne citer que quelques exemples, on rappellera la création de l'École des chartes, la loi de 1833 sur l'enseignement qui accorde une place éminente à la transmission du passé national ou encore l'instauration de la commission du patrimoine, bientôt présidée par Mérimée. Et, singulièrement inspirées, deux innovations à l'initiative de Louis-Philippe. La première, la conversion, décidée le 1er septembre 1833, du château de Versailles en musée historique dédié « à toutes les gloires de la France », avec, pour sommet, inauguré le 10 juin 1837, la prodigieuse galerie des Batailles composée de tableaux issus des collections royales et impériales, mais aussi commandés aux artistes contemporains dont Delacroix ou Devéria, couvrant quelque quinze siècles d'exploits militaires depuis la victoire de Clovis à Tolbiac en 496 jusqu'à celle de Napoléon à Wagram en 1809 en passant par Poitiers ou Bouvines.

La seconde trouvaille, le second trait de génie, le manteau de statues dont va se couvrir la France, Paris notamment – c'est alors qu'est forgé le mot de « statuomanie » pour railler la propension du régime de Juillet à élever des monuments aux grands hommes. Avec, comme en regard de la galerie des Batailles et aussi du Panthéon voisin, au jardin du Luxembourg, la série de vingt statues, reines de France (Clotilde, Mathilde ou Marie Stuart pour ne citer que trois d'entre elles) et femmes illustres (sainte Geneviève, la belle et méditative Marguerite d'Angoulême ou encore, sans être exhaustif, Mademoiselle de Montpensier), personnalités féminines scandant la promenade qui surplombe le grand bassin auxquelles la patrie se veut reconnaissante. Extraordinaire réalisation par trop méconnue, commandée par Louis-Philippe qui portera un soin tout particulier aux noms retenus[1]. Avis à nos féministes : donnée supplémentaire propre à réviser le procès en

1. Faulkner referme son roman *Sanctuaire* sur l'évocation de ce groupe de statues : « Se perdre au-delà du bassin et de la terrasse en demi-cercle où, dans de sombres trouées entre les arbres, rêvaient les reines mortes figées dans leur marbre terni, jusque dans le ciel prostré, vaincu par l'étreinte de la saison de pluie et de mort. »

misogynie et autres inimitiés à l'endroit des femmes intenté sans nuances à la France. D'autant que le jardin du Luxembourg construit pour Marie de Médicis est un asile d'éternité plus doux que le glacial Panthéon. J'aurais voulu peindre chacune de ces statues qui ornent le jardin du Luxembourg mais tu iras voir ou revoir, n'est-ce pas, lecteur…

Les statues qui jalonnent nos villes ont été érigées comme autant de pages d'histoires destinées à cimenter un peuple français déchiré par la Révolution française. Ces témoins de pierre confèrent un visage à l'histoire et c'est ce qui les a rendues si précieuses à l'orléanisme comme à la IIIe République. La monarchie de Juillet leur attache d'emblée une fonction pédagogique qu'elles conserveront dans l'esprit de ses successeurs. Il faut lire à cet égard les passionnants travaux de l'historien Maurice Agulhon.

Je voudrais avec ces lignes donner à comprendre, et plus encore à aimer, les vertus de cette indifférence aux différences, les vertus de cette exigence toute française de déposer ses bagages personnels lorsque l'on pénètre la sphère politique. La vie s'est simplifiée. Nous voulons être partout et toujours semblables à nous-mêmes, mais cette simplification est perte, appauvrissement, assèchement. Si nous voulons faire le poids face aux déconstructeurs, ne pas laisser le dernier mot aux zélotes stipendiés de la diversité et des minorités, il nous faut rendre à l'histoire française sa consistance propre, revigorer la dimension charnelle et nourricière de notre héritage. Jouer histoire contre histoire et non valeurs contre identité.

À cet égard, l'assimilation doit retrouver ses lettres de noblesse. Révisons le procès, parfaitement inique, qui lui est intenté et qui travaille le mieux, singulièrement en ces temps de fièvre identitaire, à la disqualifier. On se plaît, y compris des intellectuels et des politiques des plus respectables, à colporter l'idée que l'assimilation impliquerait l'immolation des appartenances inaugurales, qu'elle frapperait d'interdit les attachements et les fidélités particulières. Or, jamais l'idéal assimilationniste n'a signifié pareil sacrifice, et même sacrilège, doit-on dire. Cette critique est fausse, tout simplement. L'assimilation se fonde assurément sur l'autonomie de l'individu – *tout accordé aux Juifs comme individus rien comme nation*, selon le principe de Clermont-Tonnerre – mais si elle lui demande de déposer ses bagages personnels et strictement personnels au seuil de l'espace public et politique, elle ne lui refuse en aucune manière la liberté d'entretenir le culte de ses dieux et de ses morts. Marc Bloch a raison : « C'est un pauvre cœur que celui auquel il est interdit de renfermer plus d'une tendresse », mais la République ne le conteste pas et n'a jamais rien imposé de tel à qui aspirait à devenir Français. Le nœud avec la France n'a jamais empêché quiconque de voir *en quel lieu on est né* et ne tient personne en *esclave enchaîné*, pour paraphraser Corneille. Si la France proclame la préséance de l'identité nationale sur les identités particulières, si elle détache l'individu de sa communauté première, elle n'exige ni l'oubli ni le mépris de ses origines, elle en circonscrit seulement la mémoire à l'espace privé. Sa seule règle est la hiérarchisation, non l'amputation.

L'assimilation s'ancre de surcroît dans une conception non ethnique de la nation, puisque quiconque est disposé à connaître, comprendre, aimer, s'approprier son histoire et ses mœurs, bref faire sienne la personnalité française, peut prétendre le devenir. L'assimilation enfin est peut-être la seule forme d'hospitalité véritable. Elle conjure et panse la douleur par excellence de l'exil : le déracinement. Car c'est bien un nouvel enracinement qu'au travers de l'assimilation la France propose à l'immigré. « Avec les avantages de la citoyenneté, les nouveaux Français recevaient l'honneur d'une appartenance », aimait à rappeler Jean Daniel. Mais on doit aller plus loin et faire de l'assimilation un projet collectif.

Épilogue

Les vertus de la nostalgie

Alors, comment ne pas devenir américains ?

En ne nous plaisant guère aux mœurs wokistes, à l'atmosphère servilement diversitaire et victimaire dans lequel nous baignons, à l'esclavage de l'esprit que leur autorité induit. À ce racornissement des esprits formés au prurit déconstructiviste, traquant statues, au propre comme au figuré, à déboulonner. Curieuse idée de l'homme que celle qui nous porte et nous entraîne ! « Une âme jeune qui s'éveille à la pensée, écrivait Simone Weil, a besoin du trésor amassé par l'espèce humaine au cours des siècles. » Elle en a besoin pour être homme, se tenir debout, n'être pas aplanie sur le seul présent. Cela vaut pour les âmes jeunes en effet, mais pour l'âme humaine tout simplement.

Là est assurément la première des raisons pour lesquelles j'ai écrit ce livre : je ne puis me résoudre à l'idée que soit condamnée l'expérience qui fut encore la mienne, ce temps de l'éducation, de la formation, où, comme le décrit formidablement Philip Roth, « l'esprit se transforme en un arsenal de livres », et où, « pour peu qu'on soit jeune, impudent [...] on saute de joie à découvrir toute l'intelligence stockée sur la planète ». Je ne voudrais pas que les jeunes et moins jeunes générations ne soient plus portées à sauter de joie en lisant Homère ou Conrad, en écoutant Beethoven ou Rameau, en regardant Gauguin ou Balthus et en apprenant notre histoire.

Si j'ai pu communiquer quelque chose de cette passion, alors je n'aurais pas écrit en vain.

La nostalgie n'a pas que des mauvais côtés : elle fait de nous des sentinelles, des résistants, des réfractaires, bref le contraire du collaborateur. Grâce à elle, nous savons qu'un autre monde est possible ! Transformons ce qui pourrait ne demeurer que rumination en un vigoureux principe d'action et de rébellion !

Le Courage de la dissidence
L'esprit français contre le wokisme

Composition et mise en pages
Nord Compo à Villeneuve-d'Ascq

CET OUVRAGE
A ÉTÉ ACHEVÉ D'IMPRIMER
SUR ROTO-PAGE
PAR L'IMPRIMERIE FLOCH À MAYENNE
EN DÉCEMBRE 2022

N° d'impression : 101639
Imprimé en France